시작과 끝

1804년 죽음에 임박한 노철학자는 늙은 하인 람페에게 포도주를
한 잔 청해 마시고는 "에스 이스트 굿(Es ist gut)"이라는 말을
남긴 뒤 영원한 평화에 들었다. 그 말은 "좋다"라는 뜻이었다.
장례식은 16일 동안 계속되었다. 땅에서는 수많은 사람이 그의
빈소를 찾았으며 하늘에서는 2월의 별자리들이 그를 맞이했다.
우주는 시작을 향한 끝의 행로 칸트의 묘비명에 새겨진 문장은
이러하다. 그것은 〈실천이성비판〉 맺음말의 첫 구절이었다.

"생각하면 할수록 커져만 가는 존경과 경탄으로 내 마음을
새롭게 채워 주는 두 가지가 있으니 별이 빛나는 밤하늘이요
내 안의 도덕법률입니다."

Artist LEE WAN

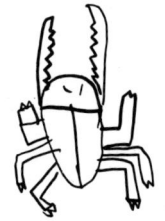

좋은 책을 만드는 이소노미아

도덕 형이상학의 기초

굿윌, 선한 의지에 대하여

임마누엘 칸트
Immanuel Kant
1724-1804

그는 63세에 이르러 집을 소유할 수 있었다.
그때는 이미 결혼 적령기를 한참이나 넘긴 나이였다.
쉰일곱 살에 첫 번째 저술 〈순수이성비판[1781]〉을 출간했다.
십 년을 넘게 시간강사 생활을 이어가다 46세가 돼서야
자기 고향에 있는 쾨니히스베르크 대학의 철학과 교수가 될 수 있었다.
평범한 서민의 아들이었으며 젊어서 두각을 나타낸 인물도 아니었고
부와 명예를 위해 활발하게 활동한 사람도 아니었다.
그러나 칸트는 늦은 나이에 빛을 내기 시작한 천재였다.
소크라테스 이후 오랜 세월 이어진 고전철학을 반성하면서
현대의 정신세계를 자극하는 거대한 흐름을 만들어 냈다.
〈순수이성비판〉을 출간한 후 4년 뒤 이 책 〈도덕 형이상학의 기초[1785]〉를 저술했다.
이어서 〈실천이성비판[1788]〉, 〈판단력 비판[1790]〉, 〈영원한 평화를 위하여[1795]〉,
〈도덕 형이상학[1797]〉 등을 썼다. 선량한 칸트는 말한다.

"이 세상에서 그 어떤 것도 선한 의지만큼
무조건적으로 선하다고 불릴 만한 것이 없습니다."

임마누엘 칸트
Immanuel Kant

도덕 형이상학의 기초

Groundwork of the Metaphysics of Morals [1785]

굿윌, 선한 의지에 대하여

CONTENTS

번역에 대하여 · 19

도덕 형이상학의 기초

    서문 · 63

    제1장 평범한 관점으로 도덕을 생각하기 · 79

    제2장 도덕 형이상학으로 도덕을 생각하기 · 109

    제3장 도덕 철학의 한계는 어디인지 · 193

    맺음말 · 229

편집여담 · 233

번역에 대하여

저본과 디자인

칸트의 모든 저술은 퍼블릭 도메인이다. 이 책은 영어 번역본을 저본으로 삼았다. Thomas Kingsmill Abbott(1829-1913)의 1895년 번역본 〈Fundamental Principles of the Metaphysic of Ethics〉를 기본으로 삼고, Herbert James Paton(1887-1969)의 1964년 번역본 〈Groundwork of the Metaphysics of Morals〉, Allen W. Wood(1942-)의 번역본 〈Groundwork for the Metaphysics of Morals〉을 참고본으로 삼았다. 오역 가능성에 대한 검증 작업은 한국칸트학회장을 역임한 학자의 독일어 직역본 〈윤리형이상학 정초〉(백종현, 아카넷, 2016)을 사용했다. 중역의 장점과 효용에 대해서는 아래에서 다시 설명한다.

칸트는 원작을 쓰면서 매우 많은 단어를 다른 낱말로 구별되도록 눈에 띄게 표시했다. 이는 영어 번역본에도 고스란히 반영돼 있었다. 우리는 디자인 관점에서 이를 어떻게 취급할까 고민했다. 학문을 목적으로 연구하는 사람들에게는 이런 표시 하나하나가 의미가 있을 것이다. 그러나 이탤릭체, 볼드체로 표시된 단어가 상당히 많다 보니 전체적으로 가독성을 떨어트리며 현대에 걸맞은 서책 디자인을 적용하는 데 어려움이 있었다. 그렇다고 함부로 취사 선택해서 어떤 것은 표시하고 어떤 것은 표시하지 않을 수도 없었다. 학문을 목적으로 연구하는 사람이 아니라면, 무엇을 중요하게 여기고 어떤 단어에 밑줄을 표시할지는 온전히 독자의 자유로운 영역이라고 생각했다. 그러므로 우리는 독자의 시선을 흐트러트리는 시각적 방해물을 가급적 배제하는 디자인을 선택했다. 결과적으로 칸트가 직접 쓴 주석을 제외하고 두드러진 구별 표시는 번역과 편집 과정에서 제외했다.

번역의 관점

지혜는 널리 공유될수록 좋다. 인류의 정신세계사에 큰 영향을 미친 천재들의 지혜라면 더욱 그러하다. 누구든지 쉽게 그 지혜에 접근할 수 있기를 희망한다. 우리는 이런 희망을 언어와 시각으로 표현하고 싶었다. 우리가 지향하는 번역작업의 목표는 바로 그런 희망의 표현이다. 다른 언어로 쓰인 지혜가 현대 한국어로 표현되었을 때, 이 시대를 살아가는 한국인이라면 누구나 쉽게 그 지혜를 얻을 수 있는 번역, 이것이 우리가 실현하고 싶었던 이상이었다. 우리는 이런 이상을 실현하기 위해서 세 가지 관점을 택했다.

첫째, 철저한 대중번역의 관점이었다.
이 책은 학문을 위한 번역이 아니다. 천재들의 지혜를 정확히 이해하기 위해 분석하고 연구하느라 힘쓰는 사람들이 있고 숨겨진 메시지를 발굴하거나 더해서 더 나은 발전을 궁리하는 사람들이 있다. 그런 학자들에게는 정확함이 중요할 것이다. 그러나 우리가 생각하는 '정확함'과 학자가 중요하게 생각하는 '정확함'은 많이 다르다. 우리는 대중의 지식수준과 언어습관을 고려한 정확함을 추구한다. 하지만 학자는 학자 사회에서 통용되고 검증되는 수준의 정밀함을 추구한다. 서로 '이해'의 목적이 다르기 때문이다. 우리의 목적은 텍스트에 대한 대중의 수

월한 이해이다. 기호가 정확하게 표현되었지만 그 표현으로는 대중이 좀처럼 이해할 수 없다면, 우리는 그런 표현을 부정확한 표현으로 분류한다. 이렇듯 대중을 위한 정확함을 택한다면 학자들은 불만일 것이다. 거꾸로 학자의 정확함을 택한다면 대중에게 지나치게 난해할 것이다. 우리는 어렵지 않게 대중 관점의 정확함을 선택했다. 학자들이 참고할 수 있는 원문과 논문은 그들 세계 도처에 있어서 쉽게 접근할 수 있겠지만, 대중은 이 책이 아니면 인류 천재의 지혜에 쉽게 닿을 수 없다고 생각했기 때문이었다.

학자에게는 학자의 몫이 있고 대중에게는 대중의 몫이 있다. 그것은 서로 같지 않다. 우리는 학자의 노력과 성과와 문화를 존중한다. 모든 연구자는 우리 인류의 빛나는 보석이며 그런 사람들이 있으므로 인류가 성장해 왔노라고 생각한다. 그러나 학자와 학문을 먼저 고려하다 보면 지식 독점이라는 덫에 빠질 위험이 있고 그것은 우리의 희망과 너무 멀다는 점을 우리 작업을 통해 진솔하게 전하고 싶다. 누구나 쉽게 커피를 마시는 것처럼 그렇게 쉽게 고전의 지혜가 읽힐 수 있기를 우리는 그저 희망한다.

둘째, 타자를 초대하는 번역이었다.

출판은 지혜의 세계에 독자들을 초대하는 연회이다. 이 연회는 언어로 만들어진다. 다른 언어를 사용하는 사람들은 특별한 어려움을 겪을 수밖에 없다. 초대장이 있어도 출발언어와 도착언어 사이에 있는 다리를 건너야 한다. 우리가 생각하는 번역은 초대장을 든 독자라면 누구나 이 다리를 쉽게 건널 수 있도록 도와주는 일이다. 그러므로 번역은 저자만을 생각한다거나, 이미 그 다리를 건너서 '우리'라는 의식을 공유하는 사람만을 생각해서는 안 된다. 알고 있는 지식에 도취되어 자기들끼리 소통하다 보면 그 지식 바깥에 있는 사람들이 타자화되고 타자화된 사람들은 자연스럽게 잊히고 만다. 지식의 독점은 타자의 배제와 거의 동시에 일어난다. 우리는 이런 오래된 문화에 동참하고 싶지 않았다. 지혜의 세계에 들어가는 초대장을 이제 처음 받아 본 사람들이, 그 다리를 한 번도 건너본 적 없는 사람들이 어떻게 그 세계에 쉽게 들어갈 수 있을까? 저자의 언어만을 생각하지 않고 타자들이 쉽게 이쪽으로 건너올 수 있는 언어를 함께 고민해야 한다는 것이 우리의 관점이었다. 번역은 번역자와 저자 사이의 대화로 이해돼서는 안 된다. 저자와 그 저자를 연구하는 학자의 대화도 아니다. 저자와 수많은 타자 사이의 대화로 우리가 생각하는 번역을 정립하고 싶었다.

그러므로 저자와 독자의 관계를 재정립하는 것이 필요했다. 학문번역은 그 학문적 엄격함으로 말미암아 독자를 저자에게 데려가는 작업이다. 그러나 대중번역은 저자를 독자에게 데려가는 작업을 생각해야 한다. 저자의 세계관과 문장을 옹호하면서도 미리 학습하지 않은 독자의 이해를 고려하자면, 독자를 저자에게 데려가는 동행이 사할이라면 저자를 독자에게 데려가는 동행이 육할 정도 차지하는 것이 번역 작업이 아닐까 생각했다.

셋째, 오늘을 살아가는 한국인에 맞는 번역이었다.

언어도 생명이 있다. 과거에 사용됐으나 현대에는 사용되지 않는 언어가 있다. 언어의 의미가 시대에 따라 변하는 경우도 있다. 또한 장소에 따라서 언어의 의미가 생기를 얻거나 잃기도 한다. 우리가 대중번역과 타자를 초대하는 번역 관점을 택한 이상, 대중의 평범한 언어 관념을 존중하지 않을 수 없다. 그래서 사전에는 틀림없이 있는 낱말이어도 오늘날의 일상 생활에서는 거의 사용되지 않는 단어라면 아무리 그 단어가 정확한 의미를 전하는 것이어도 번역에서는 제외되었다. 이미 죽은 단어를 번역자가 되살릴 수는 없다. 그것은 학문과 문화의 역할이지, 다른 언어를 우리 언어로 대중의 이해를 가정하며 번역하는 번역자의 역할은 아니라고 생각했다. 이렇게 생각하면 번역의 속성은 그 시대의 언어의 변화에 맞게 함께 변하는 움직임일 수밖에 없다. 그러므로 번역은 그 시대를 살아가는 한국인의 평범한 언어 관념에 맞게 자꾸 고쳐져야 한다.

외래어의 수용에 관해서도 시대 변화에 맞게 유연한 태도를 취하고자 했다. 핵심 용어가 아니면서, 평범한 한국인의 일상생활에서 보편적으로 사용되고 있는 영어 단어이며, 영어 그대로 표현하는 것이 대체 한국어(대체로 한자어)를 사용하는 것보다 의미 전달에 이롭다면, 외래어 그대로 번역어를 선택하기도 했다. 예를 들어, system, frame, well-being, case, level, mechanism은 각각 시스템, 프레임, 웰빙, 케이스, 레벨, 메커니즘으로 번역되기도 했다. 그렇게 번역하는 것이 의미적으로 이롭다고 생각했다. 그런 방식이 이 책이 21세기 현대 한국어 번역본임을 다소 유희적으로 나타내기도 한다. 그러나 과하지 않도록 유의했다.

한편, 모든 번역 작업이 평범한 한국인이 다 아는 단어로만 행해질 수는 없다. 번역은 번역자의 세계로 독자를 초대하는 게 아니라 저자의 세계로 독자를 초대하는 것인 만큼 어쩔 수 없이 낯선 언어를 사용해야 할 때가 있다. 대체로 개념을 담을 수 있는 쉬운 일상 언어를 찾기 어려운 경우였다. 또 독자가 이 책을 읽으면서 새로운 용어를 배우는 것도 지혜를 얻는 일이기도 하고, 이따금 그것이 지적인 교양이자 독서의 즐거움이다. 그런 단어로는 '정언명령' 등이 있다. 다만 평범한 한국인에게 낯선 단어를 사용할지라도 그 낱말 근처에 있는 다른 낱말, 그 낱말을 설명하는 언어는 가급적 쉬운 단어를 선택하고자 했다.

번역의 기준

위와 같은 세 가지 관점을 구체적으로 실행할 때 다섯 가지 기준을 마련했다. 그리고 이 다섯가지 기준으로 실제 번역작업을 했다.

문어가 아니라 구어

한국어는 서술어를 사용할 때 문어와 구어를 거의 완벽하게 구별한다. 이런 특징은 일본어에서도 발견된다. 영어 동사를 번역할 때 '이다(한다)'로도 번역할 수 있으며, '입니다(합니다)'로도 번역할 수 있다. 이것은 선택의 문제이지 옳고 그름의 문제가 아니다. 우리는 구어 번역을 선택했다. 문어에 비해 구어가 타자를 더 많이, 더 직접적으로 염두에 둔다. 그렇기 때문에 자연스럽게 문장이 쉬워진다. 또한 구어를 선택함으로써 저자와 타자(독자) 사이의 대화를 긴밀하게 유지할 수 있다. 실무적으로는 더 알아듣기 쉬운 단어를 탐색하도록 유도하고, 더 간명한 문장을 고민하게 만든다. 죽은 단어는 자연스럽게 걸러지고 표현의 허영이 절제된다. 결국 타자를 초대하는 데 유리하다. 다만 구어가 문장의 긴장감을 떨어뜨리기도 하고, 자칫 가벼운 분위기를 조성해서 메시지의 무게를 훼손할 수도 있다는 부작용을 조심했다. 그래서 구어로 표현하면서도 문장의 긴장감과 품격을 유지하기 위해 노력했다. 이 부분은 매우 어려운 작업이었고, 모험이었다.

해체와 복원

구어는 즉각적인 메시지 전달을 중요하게 여긴다. 장문보다는 단문이 좋고, 복잡한 문장 구조보다는 간명한 문장이 바람직하다. 지시대명사 사용은 억제해야 한다. 문제는 원문이 그렇게 쓰여 있지 않았다는 점이다. 대개의 저술은 문어로 작성돼 있다. 그러므로 구어 번역을 위해서는 문장구조를 구어에 맞게 해체하는 작업이 필요하다. 그런 다음에 다시 재구성하는 것이다. 이런 작업은 이른바 직역/의역과는 전혀 다른 특성이다. 출발언어의 문장을 도착언어의 문장으로 언어의 특성에 따라 옮기는 것은 가능하다. 그러나 문장의 이음이 해체돼서 재구성되기 때문에 문장구조가 달라질 수 있다. 중요한 것은 해체와 재구성 작업이 원문의 메시지를 손상하지 않도록 하는 것이었다. 오히려 구어로 번역함으로써 메시지가 더 선명하게 전달될 수 있도록 노력해야 했다.

또한 우리는 지시대명사를 복원하기 위해 노력했다. 문어에서는 독자가 메시지 이해에 제한 없는 시간을 사용할 것으로 가정되어 있다. 그러므로 지시대명사가 자주 사용돼도 큰 문제가 없을지도 모른다. 독자는 어쨌든 지시대명사가 무엇인지 차분히 따져볼 것으로 간주되기 때문이다. 그러나 구어에서는 실시간으로 이루어지는 소통을 가정하기 때문에 지시대명사의 남용은 소통에 나쁜 영향을 미친다. 게다가 서양언어의 서술어

위치가 한국어와 다르다는 점을 고려한다면 도착어인 한국어의 특성에 맞게 지시대명사를 밝혀주는 복원 작업이 필요했다.

한편 의미를 과장하고 수식하는 형용 표현은 적절하게 통제했다. 예를 들어 '완전히 다르다'와 '결코 아니다'가 있다면, 원작의 메시지를 생각하면서 가급적 '다르다'와 '아니다'로 번역하려고 했다. 수식어를 남용하는 과거의 유행까지 복원할 필요는 없기 때문이었다. 게다가 형용 표현이 많을수록 오히려 문장이 모호해지는 부작용이 있기 때문이다. 별로 중요하지 않은 표현에 독자들이 에너지를 낭비하지 않았으면 좋겠다. 그럴수록 의미의 맥락을 잃고 만다.

맥락을 생각하는 동등성 번역

아무리 대중번역의 관점으로 구어로 번역하겠다고 해서도 원문을 함부로 초월할 수는 없다. 출발언어의 표현과 구조를 완전히 초월해서 메시지만으로 번역할 수는 없다. 가능한 한 원문의 내용과 형식 모두 동등성이 유지돼야 한다. 다만, 어느 정도까지 동등성을 유지해야 하느냐가 관건이었다.

우선 동등성 번역은 기계적 동일성을 의미하지 않는다. 언어마다 문법적이며 의미적인 고유한 특성이 있다. 그런 특성은 번역되기 곤란할 때가 있고, 고유한 차이를 무시하고 기계적으로 번역하면 메시지를 상실할 위험이 있다. 기계적 동일성 번역은 출발언어와 도착언어를 문장의 구조까지 일대일로 매칭하려고 한다. 출발언어로 표현된 문서가 수정할 곳이 없을 정도로 문법적으로나 의미적으로나 완벽하다면 어쩌면 그런 일대일 매칭이 가능할지도 모르겠다. 그러나 이 책처럼 원문이 매우 복잡하고 불안전한 구조를 하고 있는 경우에는 일대일 매칭 자체가 의미를 파괴할 염려가 있다. 기계적 동일성 번역은 우리가 가야 할 방향이 아니었다. 어쨌든 텍스트를 번역했는데, 콘텍스트(맥락)를 상실해서 저자가 말하려는 메시지를 독자들이 헤아릴 수 없다면 그 번역이 도대체 무슨 의미가 있을까?

우리는 앞에서 설명한 〈구어 번역〉과 〈해체와 복원〉의 기준을 실행하면서도, 가급적 원문의 표현과 의미가 번역문에도 그대로 전달되도록 노력했다. 다만 그렇게 모사를 해서 구어에 맞게 번역했는데 원문에서 가능했던 메시지가 번역문에서 상실된다면 먼저 해당 문장에 포함된 단어 하나하나를 사전에서 찾아 적당한 낱말을 다시 탐색했다. 사전에 기록된 대표 단어가 아니라 대여섯 개의 사전에 수록된 예시 단어를 모두 참조했다. 그럼에도 문장이 난해하다거나 메시지가 모호했을 때 비로소 원문의 메시지 전달을 위해 문장을 재구성했다.

번역어 집합

단어는 기본적으로 일대일 매칭을 한다. 그것은 번역이 원문에 표하는 신뢰와 존경심의 표현이다. 다만 몇 가지 핵심 용어들, 예컨대 원문의 메시지 전달에 영향을 미치는 핵심 개념 중에서 일대일 매칭이 낯설거나 가능하지 않는 경우가 있다. 텍스트에서 단어는 스스로 의미를 제시하지 못한다. 항상 문장과 단락에서 구조화되어야만 의미를 제시할 수 있다. 그런 까닭에 동일한 단어여도 그 단어가 사용된 문장과 단락의 문맥 때문에 의미의 강약과 뉘앙스가 달라진다. 그런 변화는 저자의 메시지에 영향을 미친다. 학문을 목적으로 번역한다면 생경한 표현의 번역어 선택도 그다지 문제가 되지 않을지도 모르겠다. 그러나 대중번역의 경우에는 모든 단락마다 모든 문장마다 대중이 이해하기 쉬운 단어 선택을 생각해야 한다. 그래서 집합 개념을 이번 번역 작업에 도입했다. 예컨대 law의 번역어는 {법칙, 법률, 법}이라는 세 단어 원소를 갖는 집합으로 정의했다. 그러면 이 세 단어 중 문장의 맥락을 고려하면서 적절히 선택해서 번역하는 것이 가능해진다. 다만 이런 번역어 집합을 독자도 알아야 해서 아래에서 소개했다. 번역어 집합이 그리 많이 사용된 것은 아니었다. 그렇지만 매우 효과적이었다.

생육하는 번역

우리는 '중역'을 택했다. 독일어 원문을 번역한 것이 아니라, 독일어 원문을 영어로 번역한 텍스트를 저본으로 삼은 것이다. 이렇게 번역하는 것이 잘못된 일일까? 번역은 결과로 말한다. 그러므로 대중번역의 관점에서 이 책이 잘못된 번역물인지의 여부는 오로지 독자의 몫이다. 그런데 일반론적으로 말하자면 '중역'에는 쉽게 간과할 수 없는 장점과 효용이 있다. 영어(과거에는 일본어 중역이 많았다)를 잘하는 사람이 많기 때문에 번역을 쉽게 검증할 수 있는 장점이 있다. 인류 성과의 대부분이 영어로 표현/번역되었으며 검증돼 왔다는 현실을 감안한다면 더 나은 저작을 찾아서 기획하고 독자에게 소개할 수 있는 효용도 있다. 중역을 배제하고 '외국어 원문' 번역을 고수한다고 해서 더 훌륭한 번역이 나온다고 확신하지 못한다. 오늘날 철학 번역의 문제는 원문(독일어)을 충실히 번역하지 못했기 때문에 발생하는 게 아니라, 번역자가 사용한 한국어가 지식을 전하는 언어로 기능하지 못하기 때문에 발생한다. 독일어 원문을 직접 번역했다고 하는 것이 멋은 있겠지만 무엇보다 '번역자' 개인의 역량에 지나치게 의존하게 되는 문제가 생긴다. 그 때문에 저자의 권위보다 번역자의 권위가 더 중요해지는 부작용이 생긴다. 편집자와 번역자 사이의 소통이 불가능해지기도 한다. 무엇보다 번역에 대한 검증작업이 어렵다.

초판 번역본을 여러 차례 재판으로 발행했음에도 초기 번역이 달라지지 않는 이유는 무엇일까? 같은 판본을 여러 쇄 냈을 때에도 번역은 바뀔 수 있다. 검증이 행해진다면 말이다. 그러려면 편집자도 번역자도 독자도 누구나 번역의 오류와 개선에 대해 쉽게 생각할 수 있어야 한다. 그런 점에서 원문이 다른 외국어로 작성됐을지라도 영어 번역본을 원본으로 삼아 번역작업을 하는 이로움이 있다. 이런 입장을 밝혔다고 해서, 중역이 더 낫다고 주장하는 것은 아니다. 어떤 저작인지 어떤 출판기획인지 어떤 번역자인지에 따라 번역의 품질이 달라질 것이다. 이런 장점과 효용을 여기에서 강조했으므로 장차 이 책을 더 나은 번역으로 자꾸 개선해야 할 것 같다. 무거운 짐이 우리 어깨 위에 얹힌다. 우리는 이 짐을 내려놓지 않겠다. 그러므로 생육하는 번역을 독자에게 약속한다.

적용

Law

law는 언제 어디에서나 예외 없이 적용되는 규칙을 뜻한다. 칸트도 그런 의미로 이 단어를 사용했으며 이 책의 가장 중요한 용어이다. 이 단어가 한국어로 번역될 때 크게 두 낱말로 분화한다. '법칙' 또는 '법률'. 출발언어와 도착언어의 대응은 적어도 1:2가 된다. 한국어에서는 '자연'에 관련해서는 '법칙'이라는 낱말을 사용하고, '인간 사회'에 관해서는 '법률'이라는 단어를 쓴다. 그래서 '중력의 법칙'을 '중력의 법률'로 표현하지 않는다. 마찬가지로 '규제 법률'을 '규제 법칙'이라고 표현하지 않는다. 그러나 서양에서는 자연과 인간사회를 구별하지 않고 law라고 표현한다. 칸트도 자연법칙은 'law of nature'로, 도덕 법률은 'moral law'라고 표현했다. 이런 사정을 감안하면 law를 법칙 혹은 법률 중 어느 한 단어만을 선택해서 번역하는 것은 한국어에 맞지 않고 한국 사람의 의식에도 낯설다. 그렇다고 '칙'과 '률'을 빼서 한 음절의 '법'이라고 번역해버리면, 이따금 그렇게 번역하는 것이 효과적일 때도 있었지만, 대체로 메시지가 연약해진다. 그래서 우리는 번역어 집합 {법칙, 법률, 법}을 만든 다음에 선택적으로 사용했다. 예컨대 universal law에 대한 번역어는 {보편적인 법률, 보편 법률, 보편적인 법칙, 보편 법칙} 중 하나를 적절하게 선택했다. 비록 단어는 다르지만, '법칙', '법률', '법'은 모두 law의 번역어로 완벽하게 동일한 의미이다.

Principle

{원리, 원칙}으로 번역했다. 대체로 '원리'를 사용했으나, 예외적으로 문맥상 '원칙'이 자연스러운 경우에는 '원칙'을 택했다. '원칙'과 '법칙/법률'이 지니는 의미의 위계가 명확하지 않고 혼동을 불러온다고 생각했다. 또한 칸트 철학에서는 '법칙/법률'이 '원칙'을 지배한다. 위계가 분명한 점을 감안해서 '원칙'보다는 '원리'로 번역하는 것이 적절하다고 판단했다. 한편, 'supreme principle of duty'와 같이 'supreme'이라는 형용사가 자주 등장한다. '최상의'라는 단어로 번역되곤 하지만, 이 책에서는 가급적 '최고의'라는 단어로 번역했다. 도덕철학은 비록 국가의 성문법에 관한 것은 아니지만, 개인의 행동에 관한 법철학이라는 점을 감안해서 가급적 법률 용어를 사용하는 것이 적절하다고 생각했다. 가장 높은 재판기구를 칭할 때, '최상의 재판기구'라고 표현하지 않고 '최고 재판기구'라고 표현한다. 대법원은 중국에서는 '최고인민법원', 일본에서는 '최고재판소'라고 표현한다. 물론 한자어 표현이며, 익숙한 우리 언어이기도 하다.

Understanding

독일어로는 verstand이다. 학자들은 전통적으로 '오성'으로 번역했으며 최근에는 '지성'으로 번역하기도 한다. 일본에서 수입된 한자어이다. 최근 일본에서도 verstand를 '지성'으로 번역하기 시작했다. 일본조차 '오성'이라는 단어가 대중에게 낯설기 때문이다. 어쨌든 '오성'은 국어사전에 등재되어 있기는 하지만 한국인의 일상생활에서는 전혀 사용되지 않는 죽은 단어이다. 이 책 기획 단계에서 한국인이 '한국어 사전'을 찾아가며 독서하는 것을 가급적 피하고자 했으므로 '오성'으로 번역할 수는 없었다. '지성'으로 번역하는 것이 대안적일 수는 있겠으나, 칸트 철학에서의 understanding의 의미와 한국인의 '지성'에 대한 언어 관념에 차이가 있다는 점이 우리를 망설이게 했다. 한국인에게 '지성'은 전혀 부정적인 의미로 사용되지 않으며 어떤 한계를 떠오르게 하지도 않는다. 그러나 칸트 철학은 understanding의 한계를 분명하게 지적하며 그 개념이 사용되는 맥락에 따라서는 부정적인 의미를 지닌다. 그러므로 '지성'만으로 번역하는 것은 불충분하다고 생각했다. '오성'이든 '지성'이든, understanding 번역의 문제는 접미사 '성'을 고집하는 관성에서 비롯된다. 폐습을 버리고 이성과 의미 간극을 벌려 보자. Understanding의 의미가 대상에 개념을 부여함으로써 그 대상을 판단하는(예: 저 과일은 사과다) 지적인 머리 요소라는 점에서, 지능, 지력 같은 단어를 검토했으나, '순수 지능 개념', '순수 지력 개념'이 부자연스럽고 도무지 평범한 우리말처럼 느껴지지 않았다. 특히 '지능'의 경우, 인간의 지능이 인공지능과 비교돼야 하는 필연적인 운명을 생각해 볼 때, 특정 개념으로 그 뜻을 고정해 놓는 건 좋은 선택으로 보이지 않았다. 오랜 고뇌 끝에 '지식'으로 번역되는 것이 바람직하다고 생각했다. Understanding과 knowledge는 거의 같은 의미의 단어이며, 그 어원이 옛 그리스어 에피스테메episteme로 동일하다. 칸트 이전 영국 경험론자 로크는 understanding이라는 단어를 썼고, 로크 사상을 비판했던 조지 버클리 주교는 같은 의미로 knowledge라는 단어를 사용했다. 즉 understanding에 대한 '지식'이라는 번역에는 어원적인 근거가 있다는 얘기다.

Volition
{의지력, 바라는 마음}으로 번역했다. 학자들은 '의욕'이라고 번역한다. '의욕'이 어려운 낱말은 아니며, 한국인이라면 누구나 다 흔히 사용하는 단어이기는 하다. 그러나 이것이 volition의 번역어로 사용돼서 문장 안에 들어갈 때마다 문맥을 모호하게 만들었다. '의욕'이라는 낱말은 의욕이 생기거나 잃거나 어떤 대상에 관하든 명료한 이미지가 필요하다. 그러나 대상에 관한 이미지 없이 그저 개념어로 '의욕'이라는 단어를 사용하면 문장이 말하려는 의미 자체가 모호해진다. 게다가 동사로 사용되는 will이 '의욕'으로 번역되기도 했는데 그 경우 will과 volition의 차이가 없어진다. 그래서 volition이 의지를 이용해서 자기 결정을 하는 힘이나 능력을 의미하고, 그 힘은 무엇인가 대상을 바라는 마음을 만드는 힘이기도 하다는 점에서 {의지력, 바라는 마음}이라는 번역어 집합을 부여했다.

a priori

칸트 철학에서 가장 유명한 핵심 용어이다. 보통 '선험적'으로 번역한다. 하지만 '선험적'이라는 표현은 학자 사회가 아니라면 거의 사용되지 않는다. 여전히 현대 한국인이 자연스럽게 사용하는 단어인 '선천적'이라는 단어가 '선험적'보다는 훨씬 좋다고 생각했다. 심지어 학자 사회에서조차 과거에는 a priori를 '선천적'으로 번역하기도 했다. 그러나 '선천적'이라는 단어는 태어날 때부터 지니는 속성을 뜻한다는 점에서 당연히 경험에 앞서고 경험적인 요소를 전혀 갖지 않게 된다. 그런데 칸트의 a priori의 번역어로서 '선천적'이라는 단어는 세 가지 문제점을 품고 있다. 첫째, 칸트의 견해에 따르면 수학과 자연학의 지식은 모두 a priori하다. 그런데 '선천적'이라는 단어는 '태어남'이라는 의미가 있고 경험을 하는 생명체인 인간 인식에 대해서는 어울리지만, 생명이 아닌 수학이나 자연학에서는 매우 어색하다. 둘째, 어떤 개념 혹은 판단이 a priori한지 여부는 필연성과 보편성이 있느냐 없느냐로 정해지는 것이지 경험을 기준으로 앞에 있느냐로 정해지지 않는다. 그런데 '선'이라는 접사 때문에 순서의 느낌을 준다. 셋째, 칸트 철학에서 이 단어가 무수히 반복되는데 그때마다 독자로 하여금 '무엇이 선천적인데?'라는 모호한 의문을 야기한다.

한편 '선험적'이라는 번역은 한국인의 보통 언어가 아닐 뿐더러, 앞에서 '선천적'의 세 가지 문제가 전혀 개선되지 않기 때문에, 바람직하지 않은 번역어로 보인다. '선천적'이든 '선험적'이든 위와 같은 문제점을 그대로 놔두고 단어를 사용하면 좀처럼 칸트의 가르침이 전해지지 않을 것 같았다. 오랜 고뇌 끝에, a priori의 번역에 관해, '경험 무관한'이라는 번역어를 제안한다. 왜냐하면 이 번역어가 칸트가 전하려는 a priori의 의미에 정확히 들어맞기 때문이며, 그러면서도 앞에서 살펴본 문제점들을 단번에 해결할 수 있기 때문이다. 즉, 인간의 판단이나 개념뿐 아니라 수학과 자연학의 a priori도 자연스럽게 해명할 수 있고, 순서적인 의미도 없는 데다가, 단어 의미가 매우 쉽고 자명해서 혼란스러움을 초래하지 않기 때문이다. 실제로 대부분의 문장이 자연스러워졌다. 이론 철학과 달리 도덕 철학에서는 '선천적'이라고 번역해도 큰 문제는 없지만, 〈순수이성비판〉의 번역과의 통일성을 고려해서 '경험 무관한'으로 번역한다.

Object
기존 번역자(학자)들은 '객체, 객관, 사물' 등에서 어느 하나의 번역어를 사용하기도 했다. 이 책에서는 모두 '대상'으로 통일해서 번역했다.

Material
학문적으로는 '질료'로 번역되는 단어이다. 대중은 '질료'라는 단어를 사용하지 않는다. {재료, 내용} 중 선택해서 번역어로 사용했으나, 대체로 '내용'이라는 단어를 선호했다. 이렇게 번역한 결과, 칸트 철학의 일관된 논리 체계가 더 쉽게 드러났다. 또한 칸트의 문장이 더욱 간명하고 빛을 냈다. 그런 문장은 각 장마다 있었다. "모든 이성적인 지식은 내용이거나 형식입니다."(서문), "이쪽 길은 형식이며 저쪽 길은 내용입니다."(1장), "실천적인 원리에서 모든 주관적인 목적을 빼내면 그 원리들은 형식이 됩니다. 반면 실천적인 원리에서 주관적인 목적을 취하면 내용이 됩니다."(2장) 만약 이 빛나는 문장에서 '내용'을 '질료'로 바꾼다면 언어가 독자에게 주는 강력한 의미는 그 힘을 잃고 말 것이다.

Formal
칸트의 도덕철학에서 매우 중요한 용어이다. 이 책에서는 '형식'으로 번역했다. 한편, formula는 {표현 형식, 정형화된 문구, 정형 문구}로 번역했다.

Morality

원문에서는 moral과 morality라는 단어를 구별한다. 그러나 그 구별의 실익이 별로 없다. 구별하려면 morality를 '도덕성'으로 번역해야 하는데, 워낙 원문에 자주 사용되는 단어여서 그때마다 '도덕성'으로 표현하면 내용이 모호해지는 반면 오히려 칸트가 제시하려는 메시지는 약화된다. 그래서 몇 군데 '도덕성'으로 표현하는 것이 좋겠다는 곳을 제외하고는 '도덕'으로 통일해서 번역했다. '도덕성'이 '도덕'과 무슨 차이가 있는지에 대한 해명이 마땅치 않고, 또 그 구별이 평범한 수준에서 칸트 철학을 대중이 이해할 때 그다지 중요하지 않기 때문에, 대중의 언어습관에 따라 '도덕'으로 번역하는 것이 좋겠다고 판단한 것이다.

Imperative

학문적 정확성을 추구한다면, {명법, 명령법, 명령문}에서 하나의 낱말을 선택해서 번역하는 것이 더 나을지도 모르겠다. 그러나 이 책에서는 {명령, 명령문} 중 하나를 적절히 선택해서 번역했다. 칸트가 표현 형식이라는 의미를 강조해서 imperative라는 단어를 사용한 것이고, 그렇기 때문에 '명령문'으로 번역하는 것이 옳기는 하다. 그러나 만약 '명령문'을 '명령'으로 바꿔서 표현하더라도 '이성이 의지에 지시하는 명령'이라는 의미로서 칸트의 메시지 전달에 특별히 차이가 없다면, 그런 문장에서는 '명령문' 대신 '명령'이라는 낱말을 선택했다. categorical imperative는 '정언명령'으로, hypothetical imperative은 '가언명령'으로 번역했다. 사실 categorical은 '무조건적인'의 의미가 있으므로 categorical imperative는 '무조건 명령'으로 번역해 봄직하다. 하지만 워낙 '정언명령'이 칸트 윤리학의 핵심 개념어로 유명하고, categorical이라는 단어가 imperative라는 단어와 분리돼서 사용되는 경우도 있어서 그 경우에 '무조건적'이라고 번역하면 되기 때문에, categorical imperative는 '정언명령'으로 번역하는 것이 옳다고 판단했다. 다만, 칸트가 명령의 표현 형식(formula)을 핵심적으로 사고한다는 점을 감안해서 categorical imperative에 대해 {정언명령, 정언명령문}의 번역어 집합을 부여했다. 다만 '정언명령문'은 맥락에 따라 제한적으로만 사용했고, 보통은 '정언명령'을 선택했다. 한편, '명령법'이나 '명법'은 대중이 잘 사용하지 않는다는 점, '법'은 'law'를 연상케 한다는 점을 고려해서 번역어로 채택하지 않았다.

Maxim

이 단어는 '좌우명'으로 번역했다. 칸트 사상에서 핵심을 차지하는 단어 중 하나가 maxim이다. 특히 칸트의 도덕철학의 핵심 주어를 차지하는 단어다. 흔히 사람들은 칸트가 마치 보편적인 도덕법을 따라야 한다고 주장한 것처럼 오해하고, 대체 그런 도덕법이 무엇이며 그것이 어떻게 가능하고, 기계가 아닌 인간이 어떻게 보편법칙에 따라 일관되게 행동할 수 있겠느냐면서 칸트를 비난한다. 그러나 이런 비난은 정당하지 않다. 그들은 반드시 있어야 할 주어를 빼버리고 — 빠져있는지조차 모르면서 — 비난하기 때문이다. 칸트는 '나의 maxim'이 보편적인 법률에 따르는 그런 maxim을 선택해서, 선택한 그 maxim에 맞게 행동하라고 가르쳤을 뿐이다. 그렇기 때문에 사람들이 칸트의 도덕철학을 가리켜 자율성의 윤리학이라고 평가하는 것이다.

한국 철학자들은 '준칙' 혹은 '격률'로 번역한다. 모두 maxim의 일본 번역 한자를 그대로 읽은 단어이다. 한국인의 일상 생활에서 '격률'은 전혀 등장하지 않는다. '준칙'은 과거 조금 사용된 예가 있으나, 현재는 '규칙'으로 거의 흡수되었다. '격률'은 한국인이 전혀 사용하지 않는 단어이다. Maxim은 '나'라는 존재가 분명하게 드러나야 한다. '준칙'과 '격률'은 나의 존재가 제대로 드러나지 않는 단어들이다. 하지만 '좌우명'은 항상 내 곁에서 나를 가르치는 원칙을 뜻하기 때문에, '준칙'과 '격률'보다 더 maxim에 어울리는 의미를 갖는다. 더욱이 이 단어는 누구나 그 의미를 아는 단어이며, 어떤 혼란도 생겨나지 않는다

Efficient Cause
아리스토텔레스의 〈작용인, 질료인, 형상인, 목적인〉이라는 네 가지 원인 중의 하나를 뜻하는 용어이다. 이를 풀어서 표현하면 〈작용원인, 재료원인, 형식원인, 목적원인〉이다. 그러므로 efficient casue를 '작용원인'으로 번역하되, 문맥에 따라서는 간단히 '원인'으로 번역했다.

Idea
칸트는 〈순수이성비판〉에서 순수 직관으로 시간과 공간을, 순수 지식 개념으로 '범주'를 제시했다. 그런 다음 순수 이성의 개념으로는 플라톤의 '이데아' 개념을 차용했다. 그리고 그런 이데아로는 신, 영혼의 불멸, 자유가 있다고 칸트는 해설했다. 이 중 도덕 철학에서 다루는 이데아가 바로 '자유'이다. 학자들은 '이념'으로 번역하지만 플라톤의 '이데아'가 연상되지 않는다는 점에서 바람직하지 않은 일본식 번역어이다. 그렇다고 이론 철학이 아닌 실천 철학 책에서 idea를 '이데아'로 번역하면, 칸트가 그 용어를 특별히 선택한 맥락이 전해지지 않는다. 그러므로 idea를 '이성 개념'으로 번역하되, 문맥에 따라 '관념'이라는 단어로 번역했다.

Inclination

학자들은 이 단어를 '경향'으로 번역했다. 그러나 칸트 철학에서 inclination이라는 단어는 행동에 영향을 미치는 개인적인 원인을 의미하며 이성의 보편적인 명령과 대척점에 있다. 즉, 칸트 철학에서 inclination은 '개인적인' 속성을 더 강하게 나타내는 의미로 사용되는 것이다. 그런데 한국어에서 '경향'은 개인의 속성을 나타내는 의미보다는 사회적 혹은 집단적 속성을 더 강하게 나타낸다. 이런 점을 감안해서 조금이라도 더 개인적인 속성이 강한 어감인 '성향'을 inclination의 번역어로 택했다. '성향'과 '경향'이 지니는 의미가 사전적으로는 큰 차이가 없기는 하지만, 실제 문장에 넣어서 사용해 보면 '성향'이 더 자연스러웠다. 요약하자면, inclination은 {성향, 개인적인 성향}으로 번역했다.

Duty/Obligation

이 두 단어는 모두 '의무'로 번역할 수 있다. 그렇지만 뉘앙스가 다르며, 칸트도 이를 명확히 구별한다. duty는 일반적이고 객관적인 표현으로서의 '의무'를 뜻하지만, obligation은 법적/도덕적으로 해야만 한다는 양심의 책무가 내포되어 있는 의무이다. obligation은 마음속에서 일어나는 도덕명령의 강제력을 양심(의지)이 수긍해서 그 강제력을 자기 의무로 받아들인다는 뜻으로서 {양심의 구속, 양심구속}으로 번역했다. 반면 duty는 단순히 '의무'로 번역했다. 이렇게 함으로써 뉘앙스의 차이를 보존하고자 했다.

World of sense/World of understading
'감각 세계'와 '지식 세계'로 번역했다. '감성계'와 '예지계(혹은 지성계)'로 번역된다거나 '감성 세계'나 '오성 세계'라는 표현이 사용돼 왔지만, 대중의 일반적인 언어 습관에 따라 '감각 세계'와 '지식 세계'로 번역하는 것이 더 이해하기 쉽다고 생각했다. '예지'라는 말은 학문적일 수는 있겠으나 대중적이지는 않다. '감성'도 괜찮은 단어이지만 그것이 '세계'라는 단어와 결합되면 무슨 의미인지 다소 모호한 감이 있다. 그래서 '감각 세계'라고 번역했다.

Humanity
흔히 '인간성'을 뜻하는 매우 쉬운 단어이지만 '인간성'이라고 번역하면 문맥마다 모호함을 초래했다. 칸트는 사실상 계몽주의를 완성한 철학자이며, 그 완성은 개인이라는 주체성 확립으로 이해된다. 칸트는 개인이 저마다 품고 있는 humanity가 사람마다 다르지 않음을 2장에서 논증했다. 그것은 한 개인이 지니고 있는 humanity가 곧 인류를 대표함을 의미한다. 그래서 다소 부정적인 뉘앙스가 있는 곳에서 '인간성'으로 번역한 것을 제외하고는, {인류, 인간다움}으로 번역했다.

Interest

Interest의 사전적 의미는 다양하다. 그리고 그 의미들은 다양한 스펙트럼을 보인다. 이 책에서도 상당히 많이 나오는 낱말이었다. 전부는 아니지만 대체로 {관심, 주관적인 관심}으로 번역했다. '관심'을 주된 번역어로 삼고, '주관적 관심'을 보조 번역어로 삼았다. 어떤 문장에서는 단순히 '관심'으로 번역한 결과 메시지가 모호해졌다. 그런 경우, 독자에게 칸트의 메시지를 더욱 분명히 드러내기 위해서 '주관적인'이라는 수식어를 덧붙였다. 칸트는 개인의 성향이나 경험에서 비롯되는 관심을 보편적인 도덕 규범에서 배제한다. 그것은 결과적으로 '개인적인' 관심일 수밖에 없다는 점을 감안한다면 이런 번역 보충이 타당하리라 생각했다.

Analogy

Analogy(아날로지)는 이 책에서 전개되는 칸트의 논리를 이해하는 데 열쇳말 역할을 하는 단어이다. $F(a, b)$와 $G(x, y)$라고 표현할 수 있는 서로 다른 두 개의 함수가 상당히 유사한 특성이 있다고 가정할 때, F에서 a와 b의 관계를 이용하여 G에서 x와 y의 관계를 유추하는 것을 '아날로지'라고 한다. 칸트는 이 책의 서문부터 일관되게 '자연학'에서 적용되는 '자연법칙'을 아날로지 기법으로 '윤리학'에서 '도덕 법칙'에 적용하는 논리를 택했다. 통상 '유비類比'라는 용어로 번역된다. 그렇지만 '유비'라는 단어가 대중이 일상 생활에서 사용하는 낱말은 아니므로, 대안적으로 {유추, 유사한 관계, 닮음}라는 단어로 문맥에 따라 번역했다.

Kingdom/Member/Sovereign

각각 '왕국/시민/통치자'로 번역했다. kingdom을 '왕국'이나 '나라'로 번역할 수 있겠고, sovereign을 '통치자'로 번역함에 어려움이 없었다. 참고 텍스트(Wood의 영문 번역본)에서는 kingdom 대신에 realm으로, sovereign 대신에 supreme head로 번역했으나, 한국어로는 각각 '왕국'과 '통치자'로 번역하는 데 큰 무리는 없으리라 생각했다. member가 문제였다. '구성원'이나 '성원'으로 번역할 수 있겠으나, '왕국의 구성원' 혹은 '왕국의 성원'은 우리가 이해하는 '왕국' 개념과는 잘 어울리지 않아서 모호한 표현이라고 생각했다. '백성'이라고 표현하는 것이 조금 더 분명한 의미를 전하겠지만, 칸트의 도덕철학에서 인간은 스스로가 보편적인 법률을 제정하는 입법의원 역할을 한다는 점을 감안한다면, '백성'은 정확한 번역이 아니었다. 입법의원 역할이 조금이라도 의미를 지니는 번역이 좋겠다고 생각해서 member의 번역쌍으로 '시민'이라는 단어를 택했다. 근대 민주주의 발전에 철학적으로 이바지한 칸트의 기여를 번역을 통해 표현하고 싶기도 했다. 칸트철학은 인류를 대표하는 시민이자 통치자로서 철학적 의미를 개인에게 부여했다. 즉,

칸트철학은 이처럼 개인의 주체성을 확립함으로써 성공적으로 근대철학의 입구를 만들어낸 것이다.

Practical
주로 {실천, 실천적인}으로 번역했으나 그 의미를 풀어쓰기도 했다. 이 단어는 '행동에 관한'이라는 뜻이다. 예를 들어 '실천적인'은 '행동에 관한', '실천 철학'은 '행동에 관한 철학', '실천적인 선함'은 '어떤 행동이 선한 것인지에 관한 선함', '실천적인 원리'는 '행동에 관한 원리', '이성의 실천적인 능력'은 '어떤 행동을 해야 하는지 이성이 가르치는 능력'이라는 뜻이다. '도덕철학'은 행동에 관한 철학이다. 그러므로 '도덕철학'은 실천철학이 된다. 비교되는 철학을 '이론철학'이라고 한다. '이론철학'은 이성의 힘으로 대상의 본질을 파악하고 진리를 알 수 있는가를 묻는 철학이지만, '실천철학'은 인간은 어떤 행동을 해야만 하는가를 묻는 철학이며, 그것이 바로 도덕철학이다. 도덕철학은 경험의 영향을 받는 부분과 이성의 영향을 받는 부분으로 나뉘며, 칸트는 경험의 영향을 받는 부분을 '실천 인간학'이라 칭하고, 경험의 영향을 받지 않고 순수하게 이성의 원리의 적용을 받는 부분을 '도덕 형이상학'이라고 칭했다. 결국 이 책은 도덕 형이상학이 어째서 필요하고, 어떻게 가능하며, 어떤 원리로 이루어져 있는지를 논하는 책이 되겠다.

Action

{행위, 행동}으로 번역했다.

Universal

보편, 보편적인으로 번역되는 단어이다. law를 꾸며주는 수식어임과 동시에 law의 속성을 나타내는 단어이다. '예외없이 적용'된다는 의미이다. 이 책의 2장에서 논증된 것처럼, 칸트에게 모든 인간은 수단이 아닌 목적인 존재이며 존엄을 갖는 존재로서 차별을 둬서는 안 된다. 그런데 이 책은 인간이 어떤 행동을 해야만 하는가를 논하고 있다. 결국 '보편'의 관점에서 개인과 인류가 동격이 된다. '어떤 개인'에게는 적용될 수 없는 규범이라면 그것은 보편성이 없는 것이며 현명한 조언이 될 수는 있어도 도덕법이 될 수 없다는 의미이다. 따라서 어느 한 개인의 행동을 두고 선한 행동을 말하는 것과, 모든 인간의 행동을 두고 선함을 말하는 것은 칸트에게 동일한 의미를 지니게 되며, 그러므로 universal law, 즉 '보편적인 법률'이라는 표현이 반복해서 사용된다. 한편 보편적인 법률은 어떤 원리에 기초해서 만들어졌을까? 바로 이성의 원리다. 인간이 다르지 않은 까닭은 모두 '이성적인 존재'이기 때문이다. 칸트철학에 따르면 사람마다 상황마다 다른 것들, 예를 들어 경험, 성향, 감정, 대상, 기호, 관심, 영리함 등은 '보편적'이라는 표현을 쓸 수 없다. 행복도 마찬가지다.

독자를 위한 단어사전

철학 책을 읽거나 전문 서적을 읽을 때 독자들은 낯선 용어 때문에 큰 고충을 겪는다. 어떤 용어는 일상생활에서 전혀 사용하지 않는 단어라서, 또 어떤 용어는 일상생활에서 평범하게 사용하는 단어와 다른 의미로 쓰이는 탓에 책이 어려워지는 것이다. 학자와 전문가는 개념어를 정확히 이해해서 사용해야 하기 때문에 어쩔 수 없는 면이 있지만, 학자가 아닌 독자라면 낯선 용어 때문에 생기는 장애물을 가급적 빨리 넘는 게 독서에 이롭다. 학문을 하는 경우가 아니라면 정확한 수준보다는 '대강의 이해'를 하고 '서둘러' 넘어가더라도 큰 문제는 없을 것 같다. 개념어에 대한 대강의 이해를 원하는 독자를 돕기 위해 이 책에서 자주 등장하는 단어를 간단히 해설한다.

이성

논리학적인 의미로 이성이란 〈지금 여기에서의 생각에서 벗어나 다른 곳으로 생각을 도약시키는 능력〉을 뜻한다. 즉 '추론 reasoning'하는 능력이다. 논리학적으로 모든 인간은 동일한 이성을 갖고 있으나, 참된 지식을 아는 데에는 무력하다(이것이 〈순수이성비판〉의 결론이기도 했다). 그러나 이성이 윤리학적인 사명을 갖는 경우 선한 의지를 낳는 능력이다.

이성적인 존재

이성적인 존재, 혹은 이성 존재라는 단어는 문장을 모호하게 만든다. 이 단어가 나올 때마다 〈인간〉을 지칭하는 것으로 생각하면 이해가 쉽다. 칸트는 '신'과 '인간'을 공통적으로 지칭하는 단어로 '이성적인 존재'를 사용한다. 지금 시대에서 생각을 한다면 굳이 '신'까지 철학에 포함시키지 않아도 되겠지만, 칸트가 살았던 시절을 생각하고 역사적인 맥락까지 살펴보면, '신'까지 포함시켜서 철학을 완성할 필요가 있었다. '신'을 포함해서 철학이 '이성'으로 체계를 잡을 수 있다면, 철학에서 종교를 추방할 수 있게 된다. 그러므로 칸트 철학에 이르러 유럽의 정신세계사에서 종교 시대의 종언이 이뤄진 것 같다. 이성을 갖고 있다면 '외계인'도 '이성적인 존재'로 포함될 수 있을 것이다. 이 책의 서술에 따르면 이성적인 존재로서 외계인은 선한 의지를 갖는다(물론 재미 요소에 불과하지만).

경험

이성은 모든 인간의 공통 부분이다. 모든 인간은 차이도 있을 것이다. 그 차이 부분이 경험이다. 감정, 감성, 직관, 성향, 기질, 경향, 자연본성, 인간본성, 욕망, 욕구 등의 단어들은 모두 경험과 직간접적으로 관련 된다. 경험의 영향을 받고 경험에 따라 달라지기 때문이다. 인간 1과 인간 2가 서로 차이가 있다면 그것은 경험이 개입한 까닭이다. 인간 1과 인간 2가 동일하다면 그것은 경험이 개입하지 않은 것이다. 즉 '이성'이 같다.

순수

칸트철학에서 '순수'라는 단어를 이해하려면 반드시 '경험'이라는 단어가 있어야 한다. 즉, 혼합물과 순수가 있을 때, 혼합물은 '경험'이 포함된 것이고, '순수'는 '경험'이 포함되어 있지 않다는 뜻이다. 철학 중에서 '순수 철학'은 경험이 관여하지 않는 부분의 철학을 뜻한다. 이성에 관한 철학이며, 그런 철학에는 '논리학'과 '형이상학'이 있다. 칸트는 서문에서 이를 설명한다.

실천적인

〈행동/행위에 관한〉이라는 뜻이다. '실천철학'은 인간 행동에 관한 철학을 뜻한다. 인간은 어떤 행동을 해야 하는가, 어떤 행위가 일어나야 하는가 등을 다루는 철학이 되겠다.

순수 이성

이성에는 경험에 영향을 받는 이성이 있고, 경험으로부터 영향을 받지 않은 이성이 있다. 전자는 '경험 이성'이며, 후자가 바로 '순수 이성'이다. 순수하다는 점에서, 모든 인간이 동일한 순수 이성을 갖는다.

실천 이성

순수 이성과 같은 의미이다. 단, 인간 행위에 관한 순수 이성임을 강조하기 위해서 '순수 이성'을 '실천 이성'으로 바꿔 표현한 단어이다.

형이상학

자연의 만물은 모두 변한다. 그런데 변하지 않고 항상 그대로인 절대적인 무엇인가가 존재하리라는 생각을 인간이 한다. 그렇다면 그런 불변의 존재는 자연법칙보다 더 큰 위상을 갖게 될 것이다(자연은 모두 변하게 마련이므로). 그런데 그런 존재는 감각 세계 너머에 있기 때문에, 정말이지 실제로는 확인할 수 없고 경험할 수 없는 것이다. 그저 우리들 머릿속에서는 '생각되는 것', 이 어쩔 수 없는 사유물을 탐구하는 학문이 바로 형이상학이다. 예컨대 신, 내세, 자유, 세계 자체 따위의 이런 형이상학적 대상은 경험을 초월해 있기 때문에 경험을 이용할 수 없다. 도덕 형이상학에서는 '자유' 혹은 '자유의지'가 중요하게 탐구된다.

분석명제

주어와 술어가 연결된 문장을 명제라 한다. 그런데 명제 중에서 주어를 분석하기만 하면 술어가 나오는 문장을 분석명제라 부른다. 다시 말하면 주어를 알면 서술어도 바로 알 수 있는 문장이다. 예를 들어, "한국인은 한국사람이다"라거나, "서울시민은 서울에 거주하는 시민이다"라는 문장은 분석적이다. 또한 목적을 달성하는 수단을 이미 알고 있는 경우 그 목적에 대해 진술하는 명제도 분석명제이다. 이 단어의 뜻이 헷갈려도 칸트철학을 이해하는 데 어려움이 없으므로 이 단어가 나오는 문장은 그러려니 하고 넘어가도 큰 문제는 없다. '종합명제'도 마찬가지다.

종합명제

명제 중에서 분석명제가 아닌 명제들은 모두 종합명제이다. '종합'이라는 뜻은 서로 다른 단어가 연결되었음을 뜻한다. 다시 말하면 주어를 분석하는 것만으로는 술어의 의미가 생겨나지 않는 문장을 뜻한다. 우리가 경험을 통해 얻는 지식이나 지혜, 규범들은 모두 종합명제에 해당한다.

명령

인간으로 하여금 어떤 행동을 해야만 한다고 명하는 규범/규칙/법률 등을 말한다. 대체로 〈한두 문장〉으로 짧게 이루어지기 때문에, '명령문'과 같은 의미로 이해할 수 있다. 즉, 칸트철학에서 '명령'은 '명령문'이다. 명령은 도덕, 즉 선한 행동에 관한 것이므로 악한 행동을 하라는 명령은 성립할 수 없다. 그러므로 "거짓말을 해라"는 명령문으로 표현되어 있기는 하지만 명령은 아니다.

가언명령

조건적인 명령문을 뜻한다. 조건이 붙는다. "거짓말을 하지 말아라. 탄로 나면 창피하니까"는 명령이기는 해도 조건이 붙어 있다. 그러므로 가언명령이다. 칸트에게 가언명령은 도덕명령이 아니다.

정언명령

무조건적으로 표현되어 있는 명령문을 뜻한다. "거짓말을 하지 말아라. 그 정도의 거짓말이 나쁘지 않아도"는 무조건적으로 거짓말을 하지 말라는 행동을 명령하고 있다. 이런 문장으로 표현되는 명령을 정언명령이라고 한다. 칸트에게 도덕명령은 이런 정언명령으로 표현돼야 한다.

의무

어떤 행동을 〈해야만 한다〉는 것을 뜻한다. 평범한 의미로 'duty'를 의미하는데 이 책에서 '의무'라는 단어가 사용될 때에는 반드시 '선한 의지'와 '선한 행동'을 전제로 한다. 나쁜 생각으로 나쁜 행동을 해야만 한다는 것 자체가 성립하지 않기 때문이다. 예를 들어 칸트철학에서는 '인종과 종교에 따라 차별 대우를 해야만 한다' 같은 의무는 존재할 수 없다. '인종과 종교가 무엇이건 사람을 차별하는 행동을 하지 말아야 한다'라는 의무만이 성립한다.

보편적/보편성

언제 어디에서나 예외 없이 적용되는 성격을 뜻한다.

필연성

무엇인가가 반드시 발생해야 하는 원리를 뜻한다. '실천적 필연성'은 어떤 행동이 반드시 행해져야 함을 의미하며, '자연필연성'은 자연법칙에 의해 인간의 이성과 경험과는 무관하게 반드시 발생되는 것을 뜻한다.

주관적인

행위나 생각에 관해 '개인적인'이라는 뜻이다.

객관적인

인간의 주관적인 행위나 생각으로부터 영향을 받지 않는다는 뜻이다.

행위

이 책에서 인간의 행동과 같은 뜻으로 사용됐다.

법률/법칙/법

똑같은 뜻이다. 보편적으로 적용되는 규범이다. 도덕 법률/도덕 법칙/도덕법은 인간의 '행동'에 관해서 〈해야만 한다〉고 보편적으로 명령하는 규범을 뜻한다.

이제부터 칸트의 이야기가 시작됩니다.

인류지성사에 큰 영향을 끼친 대철학자의
어렵지 않은 지혜는 읽을 때마다 새롭게 전해집니다.

도덕 형이상학의 기초

Groundwork of the Metaphysics of Morals [1785]

서문

서문

서문에서 칸트는 철학의 대강을 간명하게 정리하면서 이 책의 주요 테마와 방향을 소개한다. 윤리학(도덕철학)은 실천철학이다. 다시 말해 "나는 어떤 행위를 해야만 하는가?"에 대한 기준을 탐구한다. 이런 행위에는 다양한 경험이 직간접적으로 관여한다. 그러므로 행위에 대한 기준을 정하기 전에 경험을 어떻게 취급할 것인지 설명해야 한다. 칸트는 독자가 쉽게 자신의 철학을 이해할 수 있도록, 먼저 고대에서 전해 내려온 그리스 철학을 자연학, 윤리학, 논리학으로 정리한 다음에, 이것을 내용과 형식으로 다시 분류한다. 내용은 경험으로 이루어져 있고, 형식은 경험과 무관하다. 형식만으로 이루어진 철학인 '논리학'은 경험이 들어 있지 않으므로 이 책에서 제외된다. 그러면 남게 되는 내용철학은 '자연학'과 '윤리학'이다. 칸트는 이 두 가지 철학, 즉 자연학과 윤리학에는 내용과 형식 모두 들어 있는데, 이것을 잘 구별하지 않고 두루뭉술하게 다뤄서는 안 된다고 강조한다. 자연학과 윤리학에서 내용, 즉 경험을 모두 빼내면 형식만 남게 되고, 그 형식을 탐구하는 학문이 각각 자연 형이상학과 도덕 형이상학이라고 설명한다. 형이상학의 원리는, 경험을 제거했으므로, 경험 무관한 것만 남게 되고, 따라서 그 경험 무관한 원리를 탐구해야 한다. 칸트는 이를 잘 이해하지 못한 기존 철학을 비판한다. 자연학은 모든 것이 발생한다는 점에서 법칙이 되며, 윤리학은 모든 것이 발생해야 한다는 점에서 법칙이 되는데, 전자는 자연법칙이며 후자는 자유의 법칙이다. 자연법칙과 자유의 법칙은 서로 닮았으며 동시에 차이가 있다. 그 닮음과 차이점이 이 책 전체를 관통한다. 칸트는 서문에서 도덕철학을 순서대로 세 번 살펴보겠다고 천명한다. 첫 번째는 평범한 독자의 관점에서 도덕철학을 살펴보고, 두 번째는 욕망과 성향의 유혹을 뿌리치기 위해 어째서 도덕 형이상학이 필요한지를 자세하게 분석하고 설명한 다음에, 세 번째 그렇게 도덕 형이상학을 정립하더라도 인간의 이성으로는 알 수 없는 한계를 밝힌다.

고대 그리스 철학은 세 개의 학문으로 나뉩니다. 자연학, 윤리학 그리고 논리학입니다. 이런 구분은 사물의 본성에 잘 어울립니다. 여기에 철학 구분의 근거가 되는 원리를 더할 수 있습니다. 그렇게 해서 철학을 완벽하게 구분할 수 있으며 또 필요에 따라 여러 세부 구분을 만들어낼 수 있습니다.

모든 이성적인 인식은 내용이거나 형식입니다. 내용과 달리, 형식은 어떤 대상이냐와는 상관없이 지식과 이성 자체의 형식이며 생각의 보편 법칙에 관한 것인데, 이런 형식 철학을 논리학이라 부릅니다. 형식 철학과 달리 내용 철학은 어떤 대상에 관한 것인지를 정해야 하며, 그 대상에 적용되는 법칙을 결정해야 합니다. 이 법칙은 다시 두 겹으로 되어 있는데 이것을 펼치면 그중 하나가 자연법칙이며, 나머지 하나가 자유의 법칙입니다. 자연법칙에 관한 학문이 자연학입니다. 자유의 법칙이 윤리학이지요. 이들 학문을 각각 자연철학과 도덕철학이라 칭할 수 있습니다.

논리학에는 경험적 부분이 포함되어 있지 않습니다. 생각에 적용되는 보편적이며 필수적인 법칙들은 경험으로부터 생기는 근거들에는 의존할 수 없다는 말입니다. 만일 경험에 의존한다면 그것은 논리학이 아닙니다. 경험에 의존하는 논리학은 이성과 지적인 능력에 관한 규범이 될 수 없으며, 모든 생각에 유효하지도 않습니다. 그러므로 논리로 증명하는 것도 불가능해집니다.

그러나 자연철학과 도덕철학에는 각각 경험적인 부분이 있습니다. 왜냐하면 자연철학은 경험 대상에 관한 자연법칙을 정해야 하며, 도덕철학은 자연에 의해 영향을 받는 인간 의지의 법칙을 정해야 하기 때문입니다. 자연철학은 모든 것이 발생한다는 점에서 법칙이 되며, 도덕철학은 모든 것이 발생해야만 한다는 점에서 법칙이 됩니다. 그런데 윤리학은 발생해야만 하는 행동이 또 자주 발생하지는 않는 상황까지 고려해야 합니다.

경험 근거에 의존하는 한 모든 철학을 일컬어 경험적이라고 말할 수 있을지도 모르겠습니다. 반면 경험 무관한 원리만으로 원칙을 구하는 경우가 있고, 그것을 우리는 순수 철학이라 일컫습니다. 순수 철학이 단지 형식에 관한다면 그것은 논리학입니다. 만약 경험에 의존하지 않는 순수 철학을 대상에 관한 철학으로 명확히 한정한다면 그것은 형이상학입니다.

이런 방식으로 두 부분의 형이상학이라는 관념이 나옵니다. 바로 자연 형이상학과 도덕 형이상학입니다. 그러므로 자연학은 경험적인 부분과 이성적인 부분을 지니게 됩니다. 이는 윤리학에서도 마찬가지입니다. 윤리학에서의 경험적인 부분은 특별히 실천 인간학이라는 이름으로 불릴 수 있습니다. 그러나 도덕이라는 명칭은 이성적인 부분에 해당합니다.

모든 산업, 기술, 수공업은 노동 분업에 의해 나아졌지요. 한 사람이 모든 일을 하는 것 대신에 다른 사람과 구별되는 작업을 하도록 역할을 한정했고, 그렇게 해서 더 큰 재능을 발휘할 수 있게 됐으며, 또 가장 완벽하게 일을 할 수 있게 됐습니다. 여러 종류의 일이 서로 구별되지 않고 나뉘지도 않는 곳에서는 저마다 팔방미인이 돼야겠지요. 하지만 특출나지는 못할 것이며, 공장 생산은 미개한 상태에 머물 것입니다. 이런 분업처럼 순수 철학도 모든 부분에서 특별히 몰두하는 작업이 필요하지 않은지 따져 봐야겠습니다. 공중의 취향을 따라 이성적인 요소와 경험적인 요소를 자기도 모르는 온갖 비율로 뒤섞는 습성이 있는 사람들이라면, 또 스스로 독창적인 사상가라고 자칭하면서 이성적인 부분만 다루는 사람을 하찮은 철학자라고 이름 붙이는 사람들이라면 어떨까요? 그런 사람들에게는 아주 다른 일을 하는 두 사람을 함께 작업시키지 말라고 말하고 싶습니다. 그러는 편이 학술 산업 전체에 더 이롭지 않을까요? 두 사람의 일이 각각 특별한 재능을 요구하는 것이라면 그중 한 사람의 일로 두 사람을 합치는 것은 서로를 보잘것없게 만들 뿐이니까요.

그러나 여기서는 단지 이렇게 묻겠습니다. 우리가 이성적인 부분에서 경험적인 부분을 항상 조심스럽게 분리하고, 자연 형이상학을 자연학 (혹은 경험 자연학) 앞에 위치시키며, 또한 도덕 형이상학을 실천 인간학 앞에 놓기를 요구하는 것이 학문의 본성이 아니겠습니까? 이런 일은 경험적인 것을 조심스럽게 제거해야만 하는 일이기도 합니다.[1] 그렇게 경험을 빼냄으로써 순수 이성이 얼마나 많은 일을 할 수 있는지를 알 수 있습니다. 또한 순수 이성이 어떤 원천들로부터 경험 무관한 가르침을 만들어 내는지도 알게 됩니다. 모든 도덕 교사(이런 명칭의 사람들이 한 군단은 됩니다)에 의해 행해지든 또는 도덕 형이상학의 요청을 느끼는 몇몇 사람에 의해 행해지든 말입니다.

여기서 내 관심은 도덕철학에 있습니다. 그래서 위에서 말한 질문을 다음과 같이 한정하려고 합니다.

— 오직 경험적이며 또한 인간학에 속하는 모든 것이 완벽하게 제거된 순수한 도덕철학을 만들어야 할 확고한 필연성이 있지는 않을까?

---

1 칸트는 학문의 체계를 매우 중요하게 생각한다. 그래서 칸트는 고대 그리스 철학의 분류로 이 책의 첫 문장을 시작한 것이다. 산업이 분업을 통해 발전한 것처럼, 학문도 명확한 분류에 따른 분업이 필요한데, 특히 도덕철학에서는 '경험'과 '이성'을 분리하는 작업이 필요하다는 것. 이런 분리 작업이 이 책 전체를 관통한다. 그리고 그 작업을 대표적으로 나타내는 단어가 바로 '경험 무관한(a priori)'이다.

왜냐하면 평범한 의무라는 관념에서 생각해 보면, 또 도덕 법칙이라는 관념에서 생각한다면, 경험 부분을 제거한 순수한 도덕철학의 필요성이 아주 명백해지기 때문입니다. 모든 사람이 인정해야 할 사항이 있지요. 법칙이 도덕적인 힘을 가지려면, 다시 말해서 법칙이 어떤 행동을 이행해야 하는 의무의 기초가 되려면 절대적인 필연성을 동반해야 한다는 점입니다. 예를 들어, "거짓말을 하지 말지어다"라는 말은 마치 일부에게만 유효할 뿐, 다른 이성적인 존재가 지키지 않아도 되는 그런 정도의 계율이 아닙니다. 도덕 법칙이라 불릴만한 계율은 이처럼 모든 이성적인 존재가 지켜야 하는 계율입니다. 그러므로 의무의 기초를 사람마다 다른 타고난 본성에서 찾아서는 안 됩니다. 개인이 직면한 상황에서 찾아서도 안 됩니다. 순수 이성의 개념 안에 경험 무관함에서 찾아야 합니다. 경험 원리에 기초한 다른 어떤 계율들이 보편적으로 존중될 수는 있겠습니다. 그러나 그런 계율이 조금이라도 경험에 근거를 둔다면, 그것이 실천적인 규칙으로 불릴 수 있을지는 몰라도 결코 도덕 법칙이라 불릴 수는 없습니다.[2]

---

2   칸트의 기본적인 생각은 상당히 간단하다. 어떤 계율이 도덕 법칙, 즉 'law'가 되려면, 'law'라는 속성상 모든 이에게 적용되어야 하는데 그 계율이 경험의 영향을 받는다면 모든 이에게 적용될 수 없다는 생각이다.

도덕 법칙은 모든 종류의 경험에서 비롯되는 실천적인 지식과 본질적으로 다른 원리를 지닙니다. 모든 도덕철학은 철학의 순수한 부분에 전적으로 의존하지요. 이것을 인간에 적용해서 말하자면, 도덕철학은 인간 자신의 지식(인간학)으로부터는 어떤 것도 차용하지 않는다는 이야기입니다. 그 반대로 도덕철학은 이성적인 존재로서의 인간에게 경험 무관한 법칙을 제공합니다.

확실히 도덕 법칙은 경험을 통해 더 분명해진 판단을 요구하기는 합니다. 한편으로는 도덕 법칙이 적용될 수 있는 케이스를 분별하기 위해서이며, 다른 한편으로는 인간 의지에 다가가서 행위에 효과적으로 영향을 미치도록 하기 위해서입니다. 그런데 인간이란 수많은 성향에 의해 행동하기 때문에, 실천적인 순수 이성의 권능에도 불구하고, 우리는 인생을 살면서 순수 이성을 쉽게 구체화하지도 잘 사용하지도 못합니다.

그런 까닭에 이론적인 이성이 경험과 무관하게 발견되는 실천 원리를 탐구하도록 하는 도덕 형이상학이 반드시 필요합니다. 도덕 자체는 온갖 종류의 타락에 취약합니다. 그렇기 때문에 도덕이 올바르게 평가되도록 하는 해결책이자 최고의 규범이 필요하지요. 행위가 도덕적으로 선하게 되려면 도덕 법칙에 따른다는 것만으로는 충분하지 않고, 그 행위가 도덕 법칙의 취지를 좇아 행하는 것이어야 합니다. 그렇지 않다면 도덕 법칙을 따른다는 의미는 매우 우발적이고 모호한 것에 그칩니다. 설령 도덕이 아닌 원리가 있어서 때때로 도덕 법칙을 따르는 행위를 낳는다 해도, 도덕 법칙과는 모순되는 행위 또한 자주 낳기 때문입니다. 그러나 순수함과 진정성(실천적으로는 이것이 가장 중요합니다)으로 도덕 법칙을 찾으려면 순수 철학 말고는 달리 찾을 곳이 없지요. 그러므로 우리는 순수 철학(형이상학)에서 시작해야 합니다. 그것 없이는 어떤 도덕 철학도 존재할 수 없습니다. 순수 원리를 경험적인 것과 뒤섞는 일은 철학으로 명명될 가치가 없습니다(평범한 생각이 뒤섞어서 이해했던 것을 철학은 분리정제된 학문으로 다루기 때문입니다. 이것이 철학을 평범한 생각과 구별해 줍니다). 도덕철학에서는 더욱 가치 없는 일이지요. 이런 뒤섞음은 도덕 그 자체의 순수성조차 훼손하며 도덕의 목적에도 역행하는 까닭입니다.

그러나 여기서 요구되는 바가, 저 유명한 볼프[3] 씨가 앞서 연구했던 내용에 의해 이미 오래전에 소개된 것이라고 생각하지는 말아 주십시오. 그가 말하는 속칭 일반 실천철학은 완전히 새로운 분야로 취급될 수 없습니다. 그것은 단지 일반적으로 실

---

3 크리스티안 볼프(Christian Wolf, 1679-1754).
독일의 계몽철학자.

천적인 철학이었기 때문에 어떤 특별한 종류의 의지를 깊이 생각하지는 못했습니다. 다시 말하면, 어떤 경험적인 동기도 없는 경험 무관한 원리에 의해 전적으로 결정되어야 하는 의지를 고찰하지는 못했던 것입니다. 우리는 그것을 순수의지라 부를 수 있습니다.

볼프 씨는 단지 의지력 일반에 속하는 모든 작용과 조건을 일반적 의미에서 고찰했던 것인데, 이러한 볼프 씨의 견해는 도덕 형이상학과는 다릅니다.[4] 일반 논리학과 초월철학이 구별되는 것과 같은 차이입니다. 일반 논리학은 생각 일반의 작용과 규칙을 해설합니다. 초월철학은 순수한 사고의 특별한 작용과 규칙을 해설할 뿐인데, 이때의 대상은 전적으로 경험 무관하게 인식됩니다. 도덕 형이상학은 인간의 바라는 마음에 관한 작용과 조건을 탐구하는 게 아니라 가능한 순수의지의 관념과 원리를 탐구해야 합니다. 바라는 마음은 대체로 심리학에서 도출할 수 있지요. 실제로 도덕 법칙과 의무가 일반 실천철학으

---

4   칸트는 앞으로 이 책을 통해 반복적으로 논증하는 것처럼, 행동의 일반적인 '조건'이나 사람들이 어떤 행동을 자발적으로 하려는 마음이 어떻게 '작용'되는지를 고찰하는 게 아니라 거꾸로 그것들을 도덕철학에서 제거한다. 왜냐하면 사람마다 다른 경험은 도덕의 보편적인 기준이 될 수 없기 때문이다.

로 말해지고는 있습니다(하지만 이는 올바른 것과는 정말로 반대입니다). 누구도 이의를 제기하지 않습니다만, 이들은 자기 생각이 여전히 옳다고 여깁니다. 전적으로 경험 무관한 이성에 의해 비롯되는 도덕적인 동기와, 이런저런 경험들을 비교함으로써 지적 능력을 통해 신념이 된 경험적인 동기의 차이를 그들은 구별하지 않습니다. 동기의 뿌리가 다르다는 것을 인식하지 못하고 그것을 동질로 보는 것입니다. 그들은 단지 동기의 많고 적음만을 따집니다. 그들은 이런 방식으로 의무의 개념을 짜맞추고 이것저것 도덕이라는 것입니다만, 모든 가능한 실천적인 개념의 근원에 대해서, 그것이 경험 무관한 것인지 아니면 경험 이후의 것인지를 판단하지 않고 외면하는 철학에 대체 무엇을 기대할 수 있겠습니까.

나는 향후 도덕 형이상학을 집필할 생각입니다.[5] 하지만 도덕 형이상학의 기초 원리에 대해서 우선 출판합니다. 순수 실천 이성의 비판적인 탐구[6]보다 더 적절한 도덕 형이상학의 기초는 없습니다. 이는 마치 순수 이론이성의 비판적인 탐구가 형이상학

---

5 칸트의 〈도덕 형이상학 Metaphysics of Morals〉은 1797-1798년에 출판되었다.

6 칸트는 〈실천이상비판 Critique of Practical Reason〉을 1788년에 출판했다.

의 기초가 되는 것과 같으며, 이에 대해서는 이미 출간했습니다.[7] 순수 실천 이성은 순수 이론 이성만큼이나 전적으로 필수적이지는 못합니다. 왜냐하면 도덕에 관해서는 인간 이성이 높은 수준의 올바름과 완벽함에 쉽게 도달할 수 있기 때문입니다. 심지어 가장 평범한 지적 능력으로도 그런 수준이 될 수 있습니다. 반면 이성을 이론적이면서 순수하게 사용할 때에는 매우 모순적[8]이 되지요.

순수 실천 이성에 대한 비판작업이 필요하기는 한데, 이것이 완료된다면 실천 이성은 이론 이성과 공통 원리 안에서 동시에 합쳐짐을 보여야 합니다. 실천 이성과 이론 이성은 결국 하나이며 동일한 이성이기 때문입니다. 단지 그것을 적용할 때 구별될 뿐입니다. 그런데 독자를 괴롭힐지도 모르겠습니다만, 완전히 다른 종류의 고찰을 독자 여러분께 소개하지 않고서는 완벽한 이야기는 힘들겠다는 생각이 들었습니다. 이런 이유 때문에 순수 실천이성비판이라는 표현보다는 도덕 형이상학의 기초 원리라는 표현을 이 책의 제목으로 채택하게 됐던 것입니다.

다소 어려운 제목에도 불구하고, 도덕 형이상학이 대중적으로

---

7 〈순수이성비판 Critique of Pure Reason〉, 1781.

8 변증적(dialectic)이라는 뜻.

제시될 수는 있을 것입니다. 어떤 것은 평범한 지적 능력으로도 이해할 수 있습니다. 그래서 나는 실천이성비판의 기초 원리에 대한 예비 논문을 실천이성비판에서 분리하는 작업이 유용하리라 생각하는데, 그렇게 해두면 불가피하고 미묘한 논점들을 장차 출간될 더 이해하기 쉬운 책에 덧붙이지 않아도 될 것 같습니다.[9]

하지만 이 논문은 단지 도덕의 최고 원리를 탐구하고 확립하려는 작업입니다. 이것만으로도 하나의 학문이지요. 그리고 도덕에 관한 다른 모든 연구와도 다릅니다. 지금까지 이 중요한 문제가 무척이나 불충분하게 검토되었습니다만, 내 결론은 전체 체계에 동일한 원리를 적용함으로써 매우 밝게 조명될 것이며, 일관되게 증거하는 정확성에 의해 크게 확증되리라 생각합니다. 그렇지만 일반적으로 통용되기보다는 결국 자기만족적인 것에 그치는 장점은 포기해야만 합니다. 왜냐하면 원리의 유용성과 겉으로 드러난 정확성만으로는 그 원리의 타당함을 확실히 증명해 주지는 못하기 때문이지요. 오히려 편견을 불러올 수도 있으며, 어떤 결과가 나오든 도덕의 최고 원리를 엄격하게

---

[9] '실천이성비판의 기초 원리에 대한 예비 논문'이 이 책을 지칭한다. 칸트는 이 책을 출판한 다음에 3년 후 〈실천이성비판〉을 출간했다.

검토하고 평가하려는 작업에 방해가 됩니다.

나는 이 저술에서 내가 생각하는 가장 알맞은 방법을 골랐습니다. 평범한 인식에서 시작하겠습니다. 그리고 근본적 원리를 정하는 분석 절차를 거칩니다. 그런 다음에 이 원리의 탐구와 그 근원으로부터 다시 우리가 적용하려는 평범한 인식으로 되돌아오는 종합화의 길을 걷겠습니다. 그러므로 이 책은 다음과 같이 나뉠 것입니다.

제1장: 평범한 관점으로 도덕을 생각하기
제2장: 도덕 형이상학으로 도덕을 생각하기
제3장: 도덕철학의 한계는 어디인지

제1장

평범한 관점으로 도덕을 생각하기

제1장
평범한 관점으로
도덕을 생각하기

이 장은 도덕적 가치를 다룬다. 어떤 행동에 도덕적 가치가 있을까? 칸트는 동정심 같은 사람의 성향이나 행위의 결과에서 도덕적 가치를 찾지 않고 마음속에서 우러나오는 '의무'에서 도덕적 가치를 찾는다. 그런데 '의무'의 권위는 어디에서 나오는 것일까? 이를 설명하기 위해 칸트는 모든 사람이 갖고 있는 이성에 대해 다룬다. 이성의 참다운 사명은 무엇인가? 칸트는 본능과 이성을 비교하면서 행복 추구가 이성의 사명이 아님을 논증한다. 자연이 맡긴 이성의 사명이란 바로 '의지'를 낳는 것이며, 이성으로부터 비롯된 의지는 선한 의지여야 하며, 따라서 선한 의지를 확립하는 것이야말로 이성의 최고 실천적인 사명임을 설명한다. 그런데 선한 의지는 선한 행동을 〈해야만 한다〉는 의무를 포함하기 때문에, 의무가 아닌 개인적인 성향에서 비롯된 것을 두고 도덕이라고 말할 수 없다. 그런 방식으로 칸트는 "원수를 사랑하라"는 성경 구절을 어떻게 이해해야 하는지를 가르친다. 개인적인 성향은 사람마다 다르기 때문에 보편적으로 명령될 수 없지만, 도덕은 누구나 동일한 행위를 해야 한다는 법률이므로 '의무로서' 명령될 수 있음을 설명하면서 이성에 기반한 의무론적 윤리학의 관점으로 기독교 전통의 정신세계를 재정립한다. 예컨대 원수를 사랑하는 감정을 가지라고 명령될 수는 없겠지만, 원수를 사랑하는 행동을 해야 한다는 의무로는 명령될 수 있다는 것이다.

칸트는 이 장에서 의무에 관한 3가지 명제를 제시한다.
첫째, 의무로부터 비롯되는 행위가 도덕적 가치를 지닌다.
둘째, 도덕적인 가치는 행위 대상의 실현이나 욕망하는 대상이 무엇인지와 무관하게 그저 그 행위를 할 때 생기는 마음가짐의 원리에 의존한다.
셋째, 의무는 법칙에 대한 존경심에서 생기는 행위의 필연성이다.

한편, 칸트는 개인적인 규범을 뜻하는 좌우명의 개념을 소개하면서, 좌우명과 보편적인 법률 사이의 관계를 원론적인 수준으로 정립한다. "너는 네 좌우명이 보편적인 법률이 되어야 한다고 의욕할 수 있겠느냐?" 이는 "나의 의지가 도덕적으로 선해지기 위해 나는 무엇을 해야만 하는가?"에 관한 문제이기도 하다. 그러나 칸트는 이런 의무의 문제에 대해서 폭넓은 식견이 필요하지 않다고 주장한다. '해야만 한다는 행위'에 관해 철학이라고 별다른 답을 준비할 수 없기 때문이며, 인간은 누구나 선한 의지를 갖고 있으며 평범한 이성으로도 그 선한 의지를 알 수 있기 때문이다. 그런데 사람들에게는 욕망과 성향이라는 것이 있어서 그 욕망과 성향이 이성의 명령에 자꾸 저항하는데, 이런 강력한 저항에 맞서 분명한 가르침, 즉 도덕철학이 필요하다고 칸트는 말한다. 자연스럽게 2장으로 넘어간다.

이 세상에서 그 어떤 것도 선한 의지만큼 무조건적으로 선하다고 불릴 만한 것이 없습니다. 심지어 세상 밖에서도 마찬가지입니다. 지성, 위트, 판단력 그리고 정신의 다른 재능이 선하다고 일컬어질지도 모릅니다. 용기, 결의, 인내 같은 기질도 여러모로 선하며 바람직합니다. 그러나 그런 재능과 기질을 사용하는 의지가, 그러므로 성격이라 불리는 것을 만들어 내는 의지가 선하지 않다면 이들 선물은 극히 나빠지며 해로워집니다.

행운에 관한 선물도 마찬가지입니다. 선한 의지가 없다면 사람들은 자주 콧대를 높이며 거만해집니다. 행복이라 불리는 것들, 권력, 부유함, 명예, 심지어 건강과 웰빙과 자기 처지에 대한 만족감 때문이지요. 선한 의지는 행복이 인간 정신에 올바르게 영향을 미치도록 만듭니다. 또한 선한 의지는 행동의 모든 원리를 바로잡아주며 그 원리가 목적에 맞도록 조정해 줍니다. 순수하고 선한 의지라고는 전혀 없는 존재가 계속해서 번창하는 모습을 상상해 보세요. 공정하고 이성적인 관중이라면 결코 즐겁지 않겠지요. 그러므로 선한 의지는 행복다운 행복의 필수불가결한 조건을 이루는 것 같습니다.

이 선한 의지 자체에 도움이 되며 선한 의지가 더 쉽게 행동으로 나타나도록 돕는 여러 기질이 있습니다. 하지만 그런 기질이 본질적이며 무조건적인 가치는 아니며, 항상 선한 의지를 전제

합니다. 선한 의지에 도움이 되는 기질에 당연히 품는 공경심은 선한 의지가 부여한 것이지만, 그렇다고 해도 그런 기질 자체가 절대적인 선으로 여겨질 수는 없습니다. 애정과 열정을 절제하는 일, 자제력, 냉정하고 깊은 생각은 많은 관점에서 선하지요. 심지어 인격의 고유한 가치 일부분을 이루는 것처럼 보입니다. 고대 사람들은 무조건적으로 칭송하기도 했습니다. 그러나 그런 기질은 선한 의지의 원리가 없다면 지극히 나빠질 수도 있어서 무조건 선하다고 칭해질 수는 없습니다. 냉정한 악인이야말로 훨씬 위험합니다. 냉정하지 않았을 때보다 끔찍한 기분이 들게 하지요.

선한 의지는 그것이 실현하거나 성취한 결과 때문에 선한 것이 아니며, 어떤 목적을 달성하기 쉽게 해주기 때문에 선한 것도 아닙니다. 그저 바라는 마음 덕분에 선합니다. 다시 말해서 선한 의지는 그 자체로 선합니다. 선한 의지만을 놓고 본다면, 그것은 어떤 개인적인 성향을 통해, 심지어 그런 성향의 전체를 통해 얻을 수 있는 모든 결과보다 훨씬 더 큰 존경을 받을 만합니다.

특별히 불운한 운명에 처하거나 계모 슬하에서 미움받고 자라는 인색한 환경에서 살게 됨으로써 선한 의지가 자기 목적을 달성할 수 없을 정도로 매우 연약해질 때가 있지요. 그러나 아무리 노력해도 아무것도 이룰 수 없더라도, 결국은 선한 의지(단순히 소망만 하는 게 아니라 우리 안의 모든 수단을 불러내는 의지로서)만이 남게 될 뿐이라도, 선한 의지는 그 자신의 불빛에 의해 여전히 보석처럼 빛날 것입니다. 그 불빛은 그 자체로 온전한 가치를 지닙니다. 유용함이니 풍요로움이니 하는 것은 이 가치에 어떤 것을 더하거나 뺄 수도 없습니다. 유용함과 풍요로움은, 말하자면 평범한 거래를 이롭게 하거나 보석감정인이 아닌 사람을 유혹하는 보석치레에 그칠 뿐입니다. 유용함만으로는 진정한 감정인에게 그 보석을 추천할 수는 없지요. 그것이 보석의 가치를 결정하지도 못합니다.

그러나 한낱 의지에 절대적인 가치를 부여하는 이런 생각에는 매우 이상한 점이 있습니다. 의지의 실용성을 전혀 고려하지 않는다는 점입니다. 평범한 사람조차 선한 의지에 절대적인 가치가 있다는 생각에 찬성하지만, 그런 생각이 어쩌면 거창한 공상의 산물에 불과할지 모른다는 의혹도 당연히 생기겠지요. 또한 자연의 목적을 오해해서 이성을 의지의 통치자로 잘못 여겼던 것은 아닌지 의문이 들 수도 있습니다. 그러므로 우리는 이런 관점에서 선한 의지에 대해 더 따져보겠습니다.

유기적인 존재는 생명에 대해 목적에 맞게 적응하는 존재입니다. 이런 존재의 자연 천성에 관한 기본원리를 생각해 보지요.

가장 알맞고 가장 좋은 목적이 있음에도 그 목적이 아닌 다른 목적을 선택하는 유기체는 없습니다. 만약 자연의 참된 목적이 이성과 의지를 지닌 존재의 보존과 안녕, 한마디로 행복에 있다면 어떨까요? 이 경우 자연이 이런 목적의 실행자로 이성을 임명하는 것은 매우 나쁜 안배입니다. 본능이 있기 때문이지요. 본능이야말로 보존과 안녕이라는 목적을 위해 피조물이 수행해야 하는 행동과 필요한 모든 규칙을 아주 정확히 지정해 주기 때문입니다. 본능은 이성이 할 수 있는 것보다 훨씬 더 확실하게 그런 목표를 달성하게 만듭니다.

계속해서 따져보겠습니다. 자연의 참된 목적이 행복의 실현에 있다는 가정에서 이 소중한 피조물에게 이성이 주어졌다면, 단지 자연이 준 유복한 천성을 잘 생각하게 하고, 경탄하며, 그 자체로 기뻐하고, 자비로운 분에게 감사함을 느끼도록 하는 역할만 이성이 맡았을 것입니다. 나약하고 잘못 안내하며 서툴게 간섭하는 이성에 욕망이 복종하는 것은 자연의 목적이 아니었겠죠. 말하자면 이성이 느닷없이 실천적인 활동을 하지 못하도록 자연은 신경을 썼을 것이며, 보잘것없는 통찰력을 지닌 이성이 스스로 행복의 계획이라든지 행복을 달성하는 수단 따위를 주제넘게 생각하지 않도록 주의했겠죠. 그러므로 그런 가정이라면 자연은 목적뿐만 아니라 수단의 선택까지 모두 본능에 맡겼을 것입니다.

사실 잘 연마한 이성이 인생과 행복을 누리는 목적에 매이면 매일수록, 우리 인간은 진정한 만족에서 더 멀어집니다. 이런 일은 자주 발생하고, 실제로 이성을 잘 연마한 사람들에게서 일어나지요. 그들이 솔직히 고백한다면, 어느 정도의 이론혐오증misology, 즉 이성에 대한 혐오를 지니게 됩니다. 왜냐하면 이성으로 만들어낸 모든 이익을 따져 봐도, 결국은 이성을 통해 행복을 얻기보다는 더 많은 고통을 짊어지기만 한다는 것을 알게 되기 때문입니다. 나는 이런저런 사치스런 기교를 통해 만들어지는 이익 때문이기보다는 이성의 본래 목적에 관한 학문이 원인이었노라고 말하고 싶습니다(그런 학문도 그들에게 결국 지적인 호사로 보이겠습니다만). 종국에 그들은, 그저 본능의 인도에 익숙하게 따르면서 이성에는 더 많은 영향을 허락하지 않는 평범한 계층의 사람들을 경멸하기보다는 부러워할 것입니다.

이성이 행복과 인생의 만족에 관해서 우리에게 제공하는 이익에 대한 높은 찬사를 적당히 누그러트려 생각하는 사람들이나 혹은 그런 이익을 아예 무가치한 것으로 보는 사람들이, 이 세계를 지배하는 선함에 나쁜 태도를 취하거나 감사를 모르고 판단하는 것은 결코 아닙니다. 그들의 판단에는 우리 존재가 훨씬 고결한 다른 목적을 지닌다는 생각이 뿌리내려 있습니다. 이 때문에 이성은 행복이 아니라 다른 의도에 맞춰져 있으며,

그런 다른 의도를 최고의 조건으로 여겨야 한다는 생각입니다. 인간의 사사로운 목적은 이 최고의 조건 뒤에 있어야 합니다.

의지의 대상에 관해 온갖 욕구를 충족시키고자 한다면, 이성은 의지의 확실한 인도자로서 유능하지 않습니다(욕구를 배가시키기조차 하지요). 그런 것은 뿌리내린 본능에게 훨씬 더 확실하게 맞춰진 목적입니다. 그럼에도 불구하고 이성은 실천적인 능력으로서, 다시 말해 의지에 영향을 미치는 능력으로 우리에게 주어집니다. 자연은 모든 곳에서 자연 자신의 능력을 배분할 때 목적을 가지고 행합니다. 그런데 의지는 그 자체로 선하며 다른 목적을 위한 수단이 아닙니다. 의지는 유일한 선함이 아니어도 선함의 전부가 아니어도 좋습니다만, 최고의 선함이자 나머지 모든 선함의 조건이며, 그리고 행복을 열망하는 조건이어야 합니다. 그래서 이성이 절대적으로 필요했던 것입니다. 이성의 참다운 사명은 선한 의지를 낳는 것입니다.

일차적이며 무조건적인 목적에 필수적인 이런 이성을 잘 수양하는 것이 행복 달성에 여러모로 방해가 될지도 모르겠습니다. 적어도 인생에서는 그러하지요. 행복이란 항상 조건적이며 이차적인 의미를 지니기 때문입니다. 그렇지만 이성이 행복에 방해가 되는 것이 자연의 지혜와 모순되지는 않습니다. 이성이 심지어 행복을 무가치하게 만들지도 모릅니다만, 그것이 자연의 섭리를 벗어난 것도 아닙니다. 왜냐하면 선한 의지를 확립하는 것이야말로 이성 자신의 최고 실천적인 사명이기 때문입니다. 그리고 선한 의지를 확립하려는 목적을 이루려면 이성만의 방식을 만족해야 하는데, 다시 말해 오직 이성이 성취하려는 목적을 정한다는 말입니다. 개인적인 성향이 낳은 목적이라면 자주 실패합니다.

이제 우리는 의지의 개념에 대해 이야기를 진전시켜야 합니다. 의지는 그 자체로 높이 평가해야 하며, 다른 어떤 것을 따져볼 필요 없이 선합니다. 의지는 자연적으로 타고난 건강한 지적 능력 안에 이미 존재하는 개념입니다. 배우기보다는 깨달음으로써 얻는 개념입니다. 또한 의지는 우리가 행동의 가치를 평가할 때, 항상 제일 먼저 고려해야 하며, 나머지 모든 가치의 조건이 됩니다. 이를 다루기 위해 우리는 의무^{duty}라는 개념을 가져올 것입니다. 비록 개인적인 제약과 장애가 나타나더라도 의무 개념은 선한 의지라는 개념을 포함합니다. 제약과 장애가 선한 의지를 은폐한다거나 알아 볼 수 없게 하지는 못합니다. 오히려 그와 대조적으로 선한 의지를 분명히 드러내며 훨씬 더 밝게 빛나도록 만듭니다.

여기서 나는 의무에 부합하지 않는 것으로 이미 인정되는 온갖 행동을 제외하겠습니다. 유용한 목적으로 행해졌던 행동이라도 말입니다. 의무와 대립하고 있다면 그런 행동들이 의무로부터 비롯된 것인지 따질 문제도 아니지요. 사람들이 아무런 직접적인 성향도 지니고 있지 않으면서도 의무에는 정말로 부합하는 행위가 있습니다.[10] 그런데 그 행동이 어떤 다른 성향에서 비롯되는 경우라면 그런 행동도 역시 제쳐두겠습니다. 의무에 맞는 행동일지라도 그 행동이 의무에서 비롯되어 행해진 것인지 아니면 이기적인 생각에서 비롯된 것인지를 쉽게 구별할 수 있기 때문입니다.

어떤 행동이 의무에 부합하면서도 주체가 그 행동에 대해 직접적인 성향을 지닐 때가 있는데 이런 경우에는 구별하기가 매우 어렵습니다. 예컨대 상인이 미숙한 구매자에게 바가지를 씌우지 않는 행위는 언제나 의무의 문제이겠습니다. 무역이 번창한 곳마다 신중한 상인은 바가지를 씌우지 않으면서 모든 이에게 정가를 제시합니다. 그렇게 해서 어린 아이조차 다른 손님과 같은 가격으로 살 수 있습니다. 사람들은 정직하게 대접받게 되지요. 그러나 그 상인이 의무로부터 그리고 정직의 원리에 따라 행동했다고 믿기에는 충분하지 않습니다. 상인 자신의 이익

---

10 예를 들어 실제로는 인색한 성향을 가졌지만 유권자들로부터 신뢰를 얻기 위해 자원봉사로 여러 선행을 하는 정치인들의 행위를 들 수 있겠다.

을 위해서 정직이 필요했을 수도 있지 않겠습니까? 만약 자기 이익 때문이라면, 그 상인이 고객들에게 이로운 직접적인 성향을 지녔다거나, 그래서 친한 사람한테도 공평하게 정가제를 적용할 것이라거나 하는 것은 문제가 되지 않습니다. 그러니까 그 상인의 행위는 의무로부터 행해진 것이 아니었으며, 직접적인 성향에 의해서 행해진 것도 아니었고, 단지 이기적인 생각으로 했던 것입니다.

한편, 자기 생명을 지키는 것은 의무입니다. 모든 사람이 그렇게 하려는 직접적인 성향을 지닙니다. 그런 까닭에 생명 유지에 대해 대부분의 사람이 지니는 잦은 근심에는 아무런 내적 가치가 없습니다. 자기 생명을 보존하라는 좌우명에는 어떤 도덕적 내용도 없습니다. 사람들은 의무적으로 자기 인생을 삽니다만 의무가 요구하기 때문이라면서 인생을 살지는 않지요. 이와 달리 역경과 희망 없는 슬픔 때문에 인생에 대한 흥미가 완전히 사라진 경우를 가정해 보지요. 그런 상황에서도 그 불행한 사람이 낙심하거나 운명에 기죽기보다는 강인한 정신으로 자신의 운명에 분개하면서, 자살을 하려는 마음을 억누르고 생명을 지키는 경우도 있습니다. 설령 인생을 사랑하지는 못하더라도 말입니다. 성향이라거나 죽음에 대한 공포 때문이 아니라, 자기 생명을 지키겠다는 의무로부터 비롯된 행위라면, 그의 좌우명은 도덕적 가치를 지닙니다.

할 수 있는 한 자선을 베푸는 일은 우리의 의무입니다. 허영심이나 이기심 같은 다른 동기 없이 동정심이 가득한 사람들도 있습니다. 그들은 그들 주위로 즐거움이 퍼지는 일을 기뻐하고 그들 자신이 한 일로 말미암아 타인이 만족하면 크게 기뻐할 수도 있겠습니다. 그러나 이런 유형의 행동은, 바람직하고 또 존경받을 만하더라도, 참된 도덕적 가치라기보다는 성향의 레벨입니다. 예컨대 명예에 대한 성향이지요. 자선 행위가 다행히 공중의 이익에 맞고 의무에 부합하며 결과적으로 훌륭한 일로 이어졌다면 칭찬과 격려를 받을 만합니다. 그러나 공경까지는 아닙니다. 도덕적 의미, 즉 개인적인 성향이 아니라 과연 의무로부터 비롯된 행위냐라는 점이 부족하기 때문입니다.

이번에는 그 박애주의자 자신이 슬픔으로 멍든 나머지 다른 사람에 대해 동정심을 잃게 된 경우를 생각해 보겠습니다. 그가 여전히 타인의 곤궁을 도와줄 힘이 있더라도 완전히 자기 안에 빠져 있기 때문에 타인의 고통에 공감하지 못할지도 모릅니다. 그럼에도 그가 무관심을 이겨내고 아무런 성향 없이 그저 단지 의무라고 생각하여 자선행위를 했다면, 그때 비로소 그 행위가 진짜 도덕적 가치를 지니게 됩니다.

또 예를 들지요. 자연이 이런저런 사람의 마음에 동정심을 거의 심어주지 못했다고 가정해 봅시다. 강직한 사람이기는 하지만 기질적으로는 냉정한 데다가 다른 이의 고통에는 무관심한 사람을 생각해 보는 것입니다. 그 자신이 타고난 인내심이 있고 용기도 있는 까닭에 타인도 자기와 같은 인내심과 용기가 있을 것이라거나 또는 그래야만 한다고 생각하는 사람일지도 모릅니다. 그런 사람을 두고 천성적으로 가장 인색한 사람이라고 말할 수는 없겠지만 어쨌든 자연 본성이 그를 특별히 박애주의자로 만들지는 않았다고 했을 때, 그런 그가 천성적으로 선량한 기질을 가진 사람보다 훨씬 숭고한 가치를 부여하는 뿌리를 자기 자신에게서 찾을 수는 없을까요? 당연히 있습니다. 도덕적이며 비교할 나위 없이 가장 높은 성격의 가치가 나오는 곳이 바로 여기입니다. 즉, 성향으로부터가 아니라, 의무로 말미암아 그가 자선을 베푸는 것입니다.

자기 자신의 행복을 옹호하는 것은 의무입니다. 적어도 간접적으로는 그렇습니다. 자신의 처지에 만족하지 못하고 많은 근심에 눌리어 욕구불만에 휩싸이게 되면 의무를 위반하게끔 하는 큰 유혹에 쉽게 빠질 수 있기 때문입니다. 그러나 여기서 다시 의무에 주목하지 않더라도, 모든 사람은 이미 행복에 대한 가장 강하고 깊숙한 성향을 지니고 있지요. 왜냐하면 모든 성향은 행복이라는 관념 안에서 전체적으로 하나로 결합되어 있는 까닭입니다. 하지만 행복의 계율은 특정 성향들을 크게 억누르곤 합니다. 모든 성향을 충족하는 총합으로서 행복이라는 언명은 도무지 생각해 낼 수 없지요. 기약해 주는 바가 틀림없고 짧은 시간 내에 만족할 수 있는 어떤 단 하나의 성향이 행복이라는 흔들리는 관념을 뛰어넘는 일이 잦습니다. 이것은 놀랄 만한 일이 아닙니다.

이를테면 통풍 환자가 먹고 싶은 것을 즐기고 그러고는 고통을 선택할 수 있지요. 그의 어림짐작에 따르면 건강함에서 비롯될 행복은 확실하지 않습니다. 그는 확실하지 않은 행복으로 말미암아 지금 이 순간의 즐거움을 희생하지 않았습니다. 그러나 이런 경우조차, 만약 행복에 대한 일반적인 욕망이 그의 의지를 결정하지 못했다면, 만약 그의 계산에서는 적어도 건강이 자신에게 그리 필수적인 게 아니었다면, 다른 모든 경우와 마찬가지로 여기에서도 여전히 법칙이 존재합니다. 그 법칙은 이렇습니다. 성향이 아닌 의무에서부터, 자기 자신의 행복을 증진해야 한다는 것입니다. 그럴 때에야 비로소 그의 행위는 참된 도덕적 가치를 지닙니다.

이런 방식으로 네 이웃을 사랑하라고, 심지어 원수조차 사랑하라고 명하는 성경 구절을 이해해야 합니다. 성향으로서 사랑은 명령될 수 없겠지만, 의무이기 때문에 행하는 선행이라면 명령될 수 있기 때문입니다. 심지어 착한 성향이라곤 전혀 없을 때조차, 또 본능적으로 누르기 힘든 혐오감 때문에 불쾌해질 때조차, 의무이기 때문에 행하는 선행은 실천적인 사랑입니다. 그것은 병적인 사랑이 아닙니다. 이 사랑은 의지 안에 있습니다. 감정의 습성 안에 있지 않습니다. 이 사랑은 행위의 법칙 안에 있는 것이지 다정한 동점심에 있지 않습니다. 오직 이런 사랑만이 명령될 수 있습니다.

두 번째 명제[11]는 이러합니다. "의무로부터 비롯된 행동은, 그 행동을 통해 얻어지는 의도에서는 도덕적 가치가 없으며, 그 행동을 결심할 때의 좌우명에서 도덕적 가치가 생긴다. 그러므로 도덕적인 가치는 행위 대상의 실현 여부와 욕망하는 대상이 무엇인지와 무관하게 그 행위를 할 때 생기는 의지력의 원리에 의존할 뿐이다".

앞에서 살펴본 것처럼, 우리가 행동을 할 때에 가졌을지도 모를 의도라든지 또는 의지의 충동적인 동인이나 달성하려는 목적에 미쳤을 의도의 영향력 따위는 무조건적인 도덕 가치를 주지 못합니다. 그런 결과를 생각하는 의지와 결과로부터 얻을 것으로 기대하는 이익에 행위의 가치가 있는 게 아니라면 도대체 어디

---

11 두 번째 명제 앞에 '첫 번째 명제'라는 언급이 없다. 학자들은 대체로 〈의무로부터 비롯된 행위가 도덕적 가치를 지닌다〉를 첫 번째 명제로 분석한다.

에 그 행위에 대한 도덕적 가치가 놓이는 것일까요? 도덕적 가치는 오직 행위를 통해 얻을 수 있는 목적과는 전혀 무관한 의지의 원리에 놓입니다. 의지는 경험 무관한 원리와 경험 이후의 후천적인 동인 사이에 서 있는데, 마치 두 길 사이에서 어느 쪽으로 가야할 지를 정해야 하는 것과 같습니다. 이쪽 길은 형식이며 저쪽 길은 내용입니다. 어떤 행위가 의무로부터 비롯되어 행해지는 것이라면, 그 행위를 할 때의 의지는 내용적인 원리가 아니라 형식 원리만으로 정해지는 길을 선택한 것입니다.

세 번째 명제는 앞선 두 개의 명제의 결과입니다. 이 명제는 이러합니다. "의무는 법칙에 대한 존경심에서 생기는 행위의 필연성이다".[12]

내가 하려는 행위의 결과인 대상에 대해 나는 물론 성향을 가질 수는 있겠지요. 그러나 결코 존경할 수는 없습니다. 대상은 그저 결과일 뿐이지 의지의 활동은 아니기 때문입니다. 마찬가지로 나는 내 성향이든 다른 이의 성향이든 그런 성향 일반에 대해 존경심을 가질 수 없습니다. 내가 지닌 성향이라면 기껏

---

12 풀어 쓴다면 대략 이런 뜻이 되겠다.
"도덕 법칙을 존경하기 때문에 그것에 합당한 행동을 해야 한다는 의무가 생긴다."

해야 봐줄 뿐이고, 다른 이의 성향이라면 때때로 좋아할 수 있을 뿐이어서, 말하자면 내 이익에 따라 달콤하게 여기는 정도입니다. 오직 결과가 아닌 그저 원천으로서 내 의지와 연결된 것만이, 내 성향을 조장하지 않고 성향을 압도하는 것만이, 적어도 어떤 행동을 선택할 때 이것저것 따지지 못하도록 성향을 완전히 추방해 버리는 것이, 그러므로 오직 법칙 그 자체만이 존경을 받을 수 있으며, 따라서 명령이 될 수 있습니다. 이제 의무로부터 행해진 행위는 성향의 영향을 완전히 배제해야 하며, 그 행위를 할 때의 의지가 대상을 고려하는 일도 없어야 합니다. 그렇게 해서 그 어떤 성향도 의지를 결정할 수 없도록 해야 합니다. 그러면 남는 것은 객관적으로는 법칙이요, 주관적으로는 이 실천적인 법칙에 대한 순수한 존경심이요, 결과적으로 이 법칙을 따라야만 하는 좌우명Maxim입니다.[A]

> A 칸트주석
> 좌우명은 의지력의 주관적인 원리입니다. 객관적인 원리가 실천 법칙이 됩니다(다시 말해, 만약 이성이 욕망의 힘을 압도하는 온전한 힘을 가진다면 모든 이성적인 존재에게 주관적으로도 실천적인 원리로 작용하겠지요).

나의 모든 성향은 법칙을 따르려는 이 좌우명 앞에 무릎을 꿇습니다. 그러므로 행위에 대한 도덕적 가치는 그 행위에서 기대되는 결과가 아닙니다. 또한 기대되는 결과로부터 동기를 찾으려는 그 어떤 원리와도 무관합니다. 그런 모든 결과(자신에게 즐거움을 주고 다른 사람들에게 행복을 더해주는 결과조차)

는 다른 원인들을 통해 생길 수도 있는데, 그런 경우라면 이성적인 존재의 의지가 꼭 필요한 것은 아니기 때문입니다. 하지만 가장 숭고하고 무조건적인 선함이 있으니 우리가 도덕이라고 칭할 수 있는 탁월한 선함은 법칙이라는 개념 그 자체입니다. 그리고 그것은 기대되는 결과가 아닌, 의지 안에 있다는 점에서 오직 이성적인 존재에게만 가능합니다. 선함은 그것에 따라 행동하려는 인격 안에 이미 발현되어 있기 때문에 우리는 결과로 나타나는 것을 먼저 기대해서는 안 됩니다.[B]

> B 칸트주석
> 어떤 이들은 내가 이성 개념을 통해 문제의 확실한 해결책을 주는 대신에 모호한 감정인 존경이라는 단어 뒤에 숨는 것이 아니냐고 반박할지도 모르겠습니다. 하지만 설령 존경이 감정이긴 해도 외부로부터 영향을 받는 감정은 아닙니다. 그것은 이성적인 개념에 의해 스스로 생겨난 감정입니다. 그러므로 이런 이성적인 감정은 외부로부터 영향을 받아 생긴 모든 종류의 감정과는 명확히 구별되며, 성향이나 두려움과는 무관한 감정입니다. 내게 즉각적으로 법칙으로 인정되는 그 무엇이 있다면, 그것이야말로 내가 인정할 존경입니다. 요컨대 내 의지는 법칙에 종속되어 있습니다. 이는 내 감각에 미치는 다른 영향에 의한 간섭 없이 이루어집니다. 그런 법칙에 의해 의지가 직접 결정되는 것과 이를 의식하는 것을 존경이라 칭합니다. 그러므로 존경이란 주체에 미치는 법칙의 결과를 통해 생기는 것이지 법칙의 원인이 되는 게 아닙니다. 그렇다면 존경은 내가 스스로 사랑하는 것을 오히려 방해하기도 하는 가치 개념이라 하겠습니다. 따라서 존경은 비록 그것이 성향이나 두려움과 같은 감정과 유사하다 해도, 성향이나 두려움의 대상으로 여겨지지 않습니다. 존경의 대상은 오직 법칙입니다. 그

것은 우리가 우리 자신에게 의무를 부과하며 게다가 본질적으로 필연적인 것으로 인정되는 법칙입니다. 법칙이므로 우리는 자기 애착을 고려할 것도 없이 그 법칙의 영향을 받습니다. 우리 스스로 자기 자신을 구속하기 때문에 우리 의지의 결과이기도 합니다. 우리를 구속한다는 점에서는 두려움이라는 감정을 닮았고, 우리 의지의 결과라는 점에서는 성향을 닮았습니다. 사람에 대한 존경은 그가 모범을 우리에게 보일 때의 그 법칙(예를 들어 정직함이라는 법률)에 대한 존경일 따름입니다. 우리는 우리의 천성을 개선하는 것을 또한 의무로 여기는 까닭에, 말하자면 그런 천성을 지닌 사람을 통해 법률의 본보기(즉, 우리도 노력해서 그처럼 되어야겠다는 의미로)로 삼는 것입니다. 그리고 이것이 우리의 존경을 이룹니다. 이른바 모든 도덕적인 관심은 단지 그와 같은 법칙 법률에 대한 존경으로 이루어집니다.

그런데 도대체 어떤 종류의 법이 그 법으로부터 비롯되는 결과를 전혀 고려하지 않은 채 의지를 결정하는 것일까요? 어떤 조건도 따지지 않고 전적으로 선하다고 불릴 만한 그 법칙은 무엇일까요? 나는 어떤 법률을 준수할 때 그 준수함에서 생길 수 있는 모든 충동을 의지에서 배제했습니다. 그렇기 때문에 행위의 보편적인 합법성만이 남게 되는데, 오로지 이것만이 의지의 원리로 작용하게 됩니다.

즉, 나의 좌우명이 보편적인 법률이 되어야 한다고 나 또한 바랄 수 있도록 나는 예외 없이 그렇게 행동해야 합니다.[13]

이제 여기 단순히 보편적인 합법성만이 있습니다. 이는 임의의 행위에 적용할 수 있는 임의의 법률을 가정하지 않습니다. 보편적인 합법성 일반이 의지의 원리로 쓰이는 것이며, 또 쓰여야 합니다. 만약 의무라는 것이 공허한 망상과 황당무계한 관념이 되지 않는다면 말입니다. 실천적인 판단을 할 때, 평범한 인간 이성도 이런 생각과 똑같이 판단할 터이며, 여기에서 제안했던 원리가 그들 앞에 항상 펼쳐질 것입니다.

예컨대 여기 문제가 하나 있습니다. "궁지에 처해 있는 나는 지키지 않을 의도로 약속을 하지는 않을까?" 나는 여기서 이 문제가 가질 수 있는 두 가지 의미를 구별해야겠습니다. 거짓 약속을 하는 행위는 영리한 생각에서 비롯되었을까요? 아니면 그것이 의무이기 때문일까요? 전자는 분명 흔히 일어나는 일입니다. 당면한 곤란함에서 벗어나기에는 속임수로는 충분하지

---

13 이 책에서 다양하게 반복되는 표현이다. 사람마다 어떤 행동을 하도록 만드는 좌우명이 있을 텐데, 그런 개인적인 원리가 다른 사람 누구에게나 적용될 수 있는 원리(즉, 보편적인 법률)와 같아지는 수준의 좌우명을 선택해서, 그 좌우명에 따라 행동해야 한다는 정도의 의미.

않다는 것을 나는 잘 압니다. 지금 궁지에서 벗어나 봤자, 거짓말로 인해 나중에 더 큰 불편함이 생기지는 않을까 곰곰이 따져 봐야 하지요. 왜냐하면 내 교활한 행동의 결과를 예견하는 것이 쉽지 않기 때문이며, 한번 잃어버린 신용은 내가 피하려는 어떤 당면한 해로움보다 더 큰 불이익을 초래할 수도 있기 때문입니다. 그렇기 때문에 보편적인 좌우명에 따라 행동하고, 지킬 마음이 없으면 아예 약속을 하지 않는 습관을 들이는 것이 더 영리하지 않겠냐며 깊이 생각해 봐야 합니다. 그러나 이런 좌우명은 여전히 결과에 대한 두려움에 기초하고 있음이 분명합니다.

이제 의무로부터 비롯되는 정직함에 대해 말하지요. 이것은 해로운 결과가 초래될 것이 두려워서 정직한 것과는 완전히 다릅니다. 의무에서 비롯된 정직함의 경우에는 행위 관념 자체가 이미 내게 법률입니다. 이와 달리 결과에 대한 두려움에서 생긴 정직함의 경우에는 행위 결과가 나 자신에게 어떤 영향을 미칠지 이런저런 사정을 둘러봐야 합니다. 만약 내가 의무의 원리를 어긴다면 망설임 없이 악하다고 할 수 있겠습니다. 그러나 내가 영리함의 좌우명을 어기는 경우는 다릅니다. 영리함의 좌우명을 따르는 것이 확실히 더 안전하다 해도 좌우명을 어기는 것이 오히려 내게 큰 이익이 될 때도 있답니다. 그런데 거짓 약속이 과연 의무에 부합하는지, 이 문제에 대한 답을 찾을 때

가장 간단하면서 틀림없는 방법이 있습니다. 나 자신에게 이렇게 물어 보는 것입니다.

"나의 좌우명(거짓 약속으로 곤란함을 모면하려는)이 보편적인 법으로서 나 자신뿐만 아니라 다른 사람한테도 유효한가?"

그리고 스스로 이렇게 말할 수 있어야 합니다.

"거짓 약속을 하지 않고서는 벗어날 수 없는 고난에 처해 있을 때 과연 모든 사람이 그렇게 거짓 약속을 하겠는가?"

이때 나는, 내가 거짓을 말할 수는 있어도, 거짓말을 하는 것이 보편 법률이 될 수 없음을 깨닫게 됩니다. 그런 법률을 따른다면 약속이란 존재할 수 없기 때문이지요. 장차의 행위에 관해 내가 이러하겠노라고 약속해도 그것을 믿지 않는 사람들에게는 허사요, 그들 또한 나처럼 거짓 약속을 되돌려줄 터여서 역시 허사이기 때문입니다. 이런 까닭에, 거짓 약속으로 곤란함을 모면하려는 나의 좌우명은 보편적인 법률을 만들자마자 스스로 파괴됩니다.

그러므로 내 의지가 도덕적으로 선하기 위해 나는 무엇을 해야만 하는가에 관해서는 폭넓은 식견이 필요한 게 아닙니다. 설사 세상살이에 대해 경험이 일천하고, 예기치 못한 일들을 모두 준비할 능력도 없어도, 그저 나 자신에게 물을 뿐입니다.

"너는 네 좌우명이 보편적인 법률이 되어야 한다고 의욕할 수 있겠느냐?"

그렇지 못하다면 그 좌우명을 거절해야 합니다. 내 좌우명으로부터 내게 혹은 타인에게 불이익이 생기기 때문이 아닙니다. 그 좌우명이 보편적인 입법이 될 원리로는 적합하지 못하기 때문입니다. 그런데 이성은 그런 입법행위에 대해 즉각적인 존경심을 표하라고 내게 강요합니다. 나는 정말로 이런 존경이 무엇에 근거를 두는지 아직 잘 통찰하지는 못했습니다(철학자들이 연구하겠지요). 그러나 적어도 나는 이런 점을 이해하는데, 보편적인 법률을 만드는 입법행위의 가치가 성향에 의해 천거되는 모든 가치보다 훨씬 소중하다는 점, 실천적인 법률에 대한 순수한 존경으로부터 비롯되는 내 행위의 필연성이 의무를 만든다는 점, 다른 모든 동기는 이 의무에 자리를 양보해야 한다는 점, 왜냐하면 의무는 그 자체로 선한 의지의 조건이기 때문이며, 선한 의지는 모든 것보다 더 높은 가치이기 때문이라는 점 말입니다.

이렇게 해서 평범한 인간 이성의 도덕 인식 안에서 우리는 도덕의 원리에 이르게 됐습니다. 평범한 사람들이 앞에서 설명한 것과 같이 보편적인 형식을 따져가며 개념화해서 어렵게 생각하는 것은 확실히 아니기는 해요. 그렇지만 그들은 언제나 목전에서 도덕 원리를 실제로 지닙니다. 그리고 도덕 원리를 자기 결정의 표준으로 삼습니다. 사람들은 마치 손에 나침반을 들고 방향을 보듯이 선과 악을 잘 구별할 수 있지요. 어떤 상황이든지 무엇이 선이고 무엇이 나쁜지, 무엇이 의무에 부합하며 무엇이 의무에 어긋나는지를 쉽게 구별할 수 있다는 말입니다. 그들에게 뭔가 새로운 것을 조금도 가르쳐주지 않더라도, 소크라테스처럼, 그들로 하여금 그들 스스로 사용하는 원리에 주의를 기울이도록 해주기만 하면 됩니다. 그러므로 어떤 한 사람이 정직하고 선하게 되기 위해 무엇을 해야만 할 때, 학문이나 철학은 전혀 필요하지 않아요. 현명함과 미덕의 경우도 마찬가지입니다. 해야만 한다는 행위에 관해서는 학문이나 철학은 불필요합니다. 자신이 무엇을 해야만 할지, 또 그게 무엇인지에 관해 아는 것은 만인의 관심사이며, 심지어 아주 평범한 사람조차 그러하겠지요. 사람들의 평범한 지식에서 실천적인 판단력이 이론적인 능력을 압도하는 모습을 목격할 때 우리는 감탄을 금할 수 없습니다.

만약 이론적인 영역에서 평범한 이성이 경험법칙과 감각기관의 직관으로부터 벗어나려고 애쓴다면, 이성은 무엇이든 이해할 수 없으며 자기모순에 빠집니다. 경험과 감각을 사용하지 않으면 이성은 불명확함과 모호함과 비일관성의 혼란 속에서 헤매게 되지요. 이와 달리 실천 영역에서는 평범한 인간 지식이 행동을 결정하는 법률에서 모든 감각적인 것을 제거할 때에야 비로소 판단력이 제힘을 발휘한다는 점에서 이론 영역과는 다릅니다. 그때의 판단력은 매우 섬세해서 자기 양심을 속인다거나, 정의라 불리는 것과는 다른 주장을 하고 있는지를 알 수 있으며, 행위의 가치를 정직하게 정할 수 있습니다. 그 어떤 철학자들이 약속하는 것만큼이나 평범한 사람들도 잘 해낼 수 있지요. 실은 그러리라고 확신합니다.

왜냐하면 철학자가 별다른 원리를 가질 수도 없기 때문입니다. 또한 철학자는 실천적인 문제와 무관하게 아주 많은 것을 생각하고 그래서 판단을 쉬이 복잡하게 만들며, 결국 올바른 방식에서 벗어날 우려도 있습니다. 그러므로 도덕 문제에 관해서는 그저 평범한 이성의 판단에 맡기는 것이 더 현명하지 않겠습니까? 철학이라는 것은 도덕 체계를 더 완벽하고 쉽게 이해할 수 있도록 만들려는 목적으로만, 그리고 도덕 규칙들을 더 편리하게 사용토록(더 나아가서는 논쟁에 사용토록) 하기 위해서만 필요한 게 아닐까요? 실천적 관점에서는, 평범한 인간 지식의 그 유복한 단순성을 던져버리고 굳이 철학을 끌어와서 새롭게 탐구하고 가르치게 할 필요가 없지 않겠습니까?

천진난만함은 실로 눈부십니다. 하지만 슬프게도 그게 잘 지켜지지는 않습니다. 쉽게 꾐에 빠지지요. 그러므로 심지어 지혜조차 학문이 필요합니다(지혜는 지식에 있다기보다는 행위함과 행위하지 않음에 있습니다만). 학문을 통해 무엇인가를 배우기 위함이 아니라, 지혜의 가르침에 입문하고 또 오래 지속되도록 하기 위함입니다. 이성은 인간에게 의무를 존경하라고 말합니다. 그러나 인간의 욕망과 성향은 그런 의무의 명령에 저항하는데, 이는 마치 강력한 균형추처럼 느껴집니다. 인간은 욕망과 성향에 굴복하고는 행복이라는 이름으로 간략히 변명해 버리는 것입니다. 그런데 이성은 끈질기게 명령하지요. 성향들에 대해서는 아무런 약속도 하지 않으면서 말입니다. 매우 충동적이며 동시에 그럴싸하기도 하고 또한 어떤 명령으로도 억제되지 않으려는 성향의 요구를 이성은 묵살하고 경멸하는 것입니다. 이리하여 모순성이 생겨납니다. 이런 모순성은 엄격한 의무의 법칙에 맞서 변론하고 의무의 정당성에 의혹을 제기한다거나, 의무의 순수성과 엄격함에 의문을 제기하는 마음의 경향이며, 의무의 법칙을 우리의 욕망과 성향에 더 어울리게 만들려는 것입니다. 즉, 이런 모순성은 의무의 법칙을 그 근원에서 타락시키며 법의 전체 존엄을 파괴하려 듭니다. 그래서 종국에는 평범한 실천 이성이 선함을 요청할 수 없는 지경에 이르게 합니다.

그러므로 인간의 평범한 이성은 자기의 영역 바깥으로 나갈 수밖에 없습니다. 그러고는 실천철학 분야로 들어갑니다. 어떤 이론적인 필요를 충족하려고 그러는 게 아닙니다(그저 건강한 이성으로 만족하고 있다면 이론적으로 사유할 일은 생기지 않지요). 오히려 실천적인 이유 때문인데, 욕망과 성향에 근거한 좌우명에 맞서 이성의 올바른 결정과 그 원리의 근원에 관해 식견을 얻고 또 분명한 가르침을 얻기 위함입니다. 이리하여 서로 맞서는 주장들에서 비롯되는 혼란으로부터 벗어날 수 있으며, 쉽게 빠지고 마는 모호함으로 말미암아 모든 참된 도덕적 원리를 잃어버릴 위험도 피할 수 있습니다. 그런데 평범한 실천 이성조차 그것을 계발하면 부지불식간에 모순성이 뒤따르게 됩니다. 이 때문에 어쩔 수 없이 철학에서 도움을 찾게 되는 것입니다. 이는 이성을 이론적으로 사용할 때 닥쳤던 일과 같답니다. 그런 까닭에 우리 이성을 철저하게 비판하지 않고서는[14] 어느 곳에서도 평온함을 구할 수 없습니다.

---

14 '이성의 진정한 역할과 그 능력의 한계가 무엇인지를 명확하게 밝히지 않고서는'이라는 의미이다.

제2장

도덕 형이상학으로 도덕을 생각하기

제2장
도덕 형이상학으로
도덕을 생각하기

칸트는 이 장에서 본격적으로 '경험'을 비판한다. 도덕 법률은 'law'이기 때문에 자연법칙처럼 누구에게나 적용할 수 있는 행동 규범이어야 한다. 그런데 경험은 'law'에 걸맞은 완벽한 사례를 주지 못한다는 것이며, 따라서 경험의 영향을 받지 않는 순수한 이성에서 도덕개념과 도덕법을 이끌어 내야 한다고 칸트는 생각한다. 그것이 바로 '도덕 형이상학'이다. 인간은 어떤 행동을 해야 하는가? 이런 물음에 대해 칸트는 이성의 능력으로 답한다. 그렇다면 이런 '이성의 실천적 능력'이 무엇인가? 칸트는 제2장에서 대부분의 분량을 할애하면서 '이성의 실천적 능력'이 무엇인지 자세히 설명하면서 도덕의 빛나는 비전을 제시한다. 칸트는 행복을 포함해서 일체의 경험적인 것을 도덕'법'에서 추방했다. 그 결과가 보잘것없다면 무모한 시도일 것이다. 그러나 칸트는 '이성의 실천적 능력'만으로 얼마나 빛나는 도덕적 비전을 얻을 수 있는지 자세하고 친절하게 설명해 내는 데 성공한다.

모든 이성적인 존재는 선한 의지를 갖고 있다. 그 선한 의지가 곧 실천 이성이다. 선한 의지는 두 종류로 나뉜다. '절대적으로 선한 의지'와 '절대적으로 선하지만은 않은 의지'이다. 절대적으로 선한 의지는 존재 자체가 선하고 저절로 선한 행동만을 하기 때문에 도덕법을 따질 필요도 없다(신의 의지). 절대적으로 선하지만은 않은 의지(인간의 의지)에 대해 이성은 어떤 행동을 '해야만 한다'며 그 의지를 강제하려고 하는데, 그것을 의지 관점에서는 '양심의 구속'이라고 부르고, 이성 관점에서는 '명령'이라고 한다. 명령은 항상 어떤 행동을 '해야만 한다'는 표현으로 이루어진 '명령문'이라는 형식을 갖는다.

모든 명령은 조건적인 명령(가언명령)이거나 무조건적인 명령(정언명령)으로 나뉜다. 칸트는 가언명령과 정언명령의 차이점을 예를 들어가며 친절하고 자세히 설명한다. 명령이라는 것은 어떤 행동을 해야만 한다는 명령문의 형식을 갖고, 그런 형식으로 사람들에게 행동을 명하는 실천 규범은 세상에 여러 종류가 있다. 숙련의 규칙, 영리함의 충고, 도덕의 명령이다. 숙련의 규칙과 영리함의 충고는 있을 법한 의도라거나 실제로 있는 의도에 관한 규범이므로 의도를 조건으로 하는 명령이다. 그러므로 가언명령이다. 그러나 도덕의 명령은 의도에 상관 없이 어떤 행동을 무조건적으로 명령하므로, 도덕의 명령만이 법률이며 정언명령이 된다.

칸트는 정언명령의 세 가지 형식을 다채롭게 살펴보면서 도덕의 원리를 밝힌다.

정언명령의 제1형식은 "그 좌우명이 동시에 보편적인 법률이 되도록 네가 의욕할 수 있는 좌우명에 따라서만 행동하라"이다. 'law'라는 관점에서 이 명령문은 이렇게 바뀔 수 있다. "네 행위의 좌우명이 네 의지에 의해 보편적인 자연법칙이 돼야 할 것처럼 행동하라." 칸트는 네 가지 사례(자살하려는 사람, 돈을 빌리기 위해 거짓말하려는 사람, 재능을 썩히고 있는 사람, 부유하지만 인색한 사람)를 제시하면서, 정언명령의 제1형식을 그 사례들에 적용해 본다. 그러면서 형식만으로 객관적인 실천원리가 될 수 있음을 논증한다.

이성적인 존재는 목적 그 자체이다. 그렇다면 목적 그 자체라는 존재가 갖고 있는 의지는 대체 무슨 의지인가? 칸트는 그 의지는 보편적인 법칙을 만드는 입법 의지라고 선언하면서, 인간 자신의 의지에 의해 법이 비롯되었고 우리 인간은 자기가 만든 그 법률의 지배를 받는 것임을 논증한다. 즉, 어떤 행동을 해야만 한다는 의무가 자기 자신으로부터 비롯됐고, 법률은 모든 인간에게 적용되므로, 인간은 서로를 자기 자신처럼 다뤄야 한다는 결론이며, 이에 따라 '목적의 왕국'이라는 개념이 나온다. 개인이 인류로 격상되는 순간이다. 그리하여 정언명령의 마지막 제3형식이 도출된다. "보편 법률에 모순되는 어떤 좌우명에 따라서도 행동하지 말 것이며, 따라서 의지 그 자체가 자기 좌우명이면서 동시에 보편적인 입법자가 되는 것처럼 항상 그렇게 행동하라."

절대적으로 선한 존재(신)는 언제나 의지의 자율성과 행동이 일치하겠지만(의지의 자율성 = 행위), 절대적으로 선하지만은 않은 존재(인간)는 그 의지의 자율성에 의존해야 하는데 그것이 바로 앞에서 말했던 '양심의 구속'이 된다(의지의 자율성≠행위). 이런 '양심구속(obligation)'이라는 강제성을 받아 어떤 행동을 해야만 한다는 필연성을 일컬어 '의무(duty)'라고 한다. 칸트는 1장에서 도덕적 가치의 기준으로 제시했던 '의무'가 타인의 강요에 의해 생기는 게 아니라 자기 마음속에서 자율적으로 생기는 것임을 이론적으로 규명하기 위해 애쓴다.

칸트는 도덕의 최고원리가 '의지의 자율성'에 있다고 선언함으로써 결과적으로 실천철학, 즉 도덕철학에서 모든 인간이 목적이며 평등하다는 철학적 지평을 열게 된다. 자율의 원리는 이러하다. "한 사람이 선택한 좌우명이 동시에 동일한 의지력을 지닌 다른 사람에게 보편적인 법률로 이해되는 것이 아니라면 그런 좌우명을 선택하지 말아라." 칸트는 결국 정언명령은 이러한 의지의 자율성 그 이상도 그 이하도 아니라고 확언한다. 이것이 바로 칸트가 전하는 이성의 실천적인 능력이다. 류가 현대로 진입하는 문을 열어준다.

지금까지 실천 이성을 평범하게 사용하는 것에서 의무 개념을 끌어냈습니다. 그러나 우리가 의무를 경험적인 개념으로 취급했다고 섣불리 단정하지는 마십시오. 사람들의 경험적인 행위를 잘 들여다 보세요. 불만스럽게도 경험은 순수한 의무에서 행동하려는 마음가짐에 단 하나의 확실한 사례를 제시해 주지 못합니다. 의무가 지시하는 바에 부합하는 행동은 많습니다만, 과연 오로지 의무이기 때문에 그런 행동을 한 것인지, 그래서 그런 행동이 도덕적 가치로 인정될 수 있는지 언제나 의문이 듭니다.

순수한 의무로 행동하려는 경향이 모든 인간 행위에 존재한다는 점을 전적으로 부인하고, 모든 것을 ― 정도 차이가 있겠습니다만 ― 자기애로 돌리려는 철학자들이 어느 시절에나 있었지요. 그들이 도덕 개념의 정당성에 의문을 품는 것은 아닙니다. 오히려 그 사람들은 인간 본성의 허약함과 퇴폐성을 진심으로 걱정합니다. 도덕 관념을 존경할 만한 규칙으로 삼을 수 있을 만큼 우리 인간이 고귀할지라도, 그 본성이 너무 나약한지라 도덕 규칙을 따르지 못한다는 것입니다. 그래서 자기 성향에 부합하는 관심이 있을 때에만 이성이 도덕을 법률로 삼는다는 것이며, 성향이 하나만 관여된 것이든 여러 성향이 관여돼서 그것들의 최대한의 조화를 생각하든 자기 성향에 맞을 때에만 도덕 규칙을 생각한다는 것입니다.

경험이 행동의 좌우명이 되려면 완벽하고 유일한 사례가 있어야 하는데, 경험은 결코 그런 사례를 만들어내지 못하지요. 행위 좌우명은 오직 도덕적인 근거들과, 해야 한다는 의무 개념에 의존할 뿐입니다. 매우 예리하게 자기 분석을 하다 보면 우리는 종종 이런 발견을 합니다. 우리에게 이렇게든 저렇게든 행동을 하라고, 그래서 커다란 희생조차 감수하라고 강제해 왔던 힘이 바로 도덕적인 의무 원리였다는 것입니다. 하지만 의무의 탈을 쓴 가짜 의무도 있게 마련인데, 그런 원리가 실은 자기애의 은밀한 충동이 아니었노라고 확실하게 단정할 수는 없습니다. 자기애가 의지를 사실상 결정해 버리기도 하기 때문이며, 우리는 더 고귀한 동기로 헛된 명예를 즐김으로써 스스로 치장하기를 좋아하지요. 그런데 아무리 엄격하게 탐구를 해 봐도 행위를 일으키는 숨은 요인을 완벽하게 밝혀내지는 못합니다. 왜냐하면 우리가 도덕적 가치를 말하는 경우 그것은 눈에 보이는 행위가 아니라 눈에 보이지 않는 내부의 원리에 의존하기 때문입니다.

일체의 도덕을 그저 허황된 상상의 산물이라며 비웃는 사람들이 있습니다. 이런 사람들에게는 의무 개념이란 단지 경험에서 얻는 것이 맞노라고 인정해 줄 수밖에 없어요. 그것 말고는 그들의 바람을 채워줄 수 없습니다(편리함만을 추구하다 보니 온갖 다른 개념이 문제가 된 케이스에서도 그 사람들은 기꺼이 경험만 생각합니다). 그들은 이런 방식으로 확실한 승리를 거머줘야 하기 때문입니다. 인간다움에서 우러나온 애정이 우리 행동의 대부분을 옳게 한다는 점을 나는 인정하겠습니다. 그러나 그 행위를 면밀히 살펴본다면, 우리는 항상 눈에 띄는 소중한 자아를 어디에서든 만나게 됩니다. 그때의 행위는 소중한 자아에 의해 생긴 것이지 엄격하게 자기 자신도 부정할 것을 명령하는 의무에서 생긴 행동은 아닙니다. 현실적이면시도 선함에 대한 소망을 그르치지 않는 냉정한 관찰자라면, 꼭 덕행에 대해 적대적이지 않더라도, 진실한 덕행을 이 세상 어딘가에서 과연 진짜로 발견할 수 있을지 의심이 들지도 모릅니다. 특히 세월이 흐르면서 경험을 통해 더 현명해지고 또 더 예리한 눈으로 관찰하게 되었을 때에는 더욱 그러합니다.

그런데 의무 관념에서 영영 멀어지지 않도록 우리를 지켜주고, 의무 법칙에 대한 존경을 우리 정신세계 안에 간직하게 해주는 것은 무엇일까요? 진실로 순수한 마음에서 생겨난 행동이 아닐지라도, 이성은 어떤 상황인지 따지지 않고 자연법칙처럼 어떤 행동이 일어나야 하는지를 상황과 무관하게 명령한다는 확신 뿐입니다(여기서 쟁점은 이런저런 할 일이 일어났느냐 아니냐가 아닙니다). 그러므로 지금껏 이 세상에서 유례가 없었을 행위, 경험으로 모든 것을 판단하려는 사람이 그 실행가능성을 극히 의심할만한 행위일지라도 이성이 단호하게 명령한다는 확신도 이에 해당합니다. 예를 들어 지금껏 당신에게 진실한 친구가 없었을지라도, 모든 사람에게 요구되는 순수하고 진실한 우애의 필요성은 조금도 적어지지 않는다는 말씀입니다. 왜냐하면 이러한 의무는 경험 무관한 원리들을 통해 의지를 결정하는 이성이라는 관념 속에 있기 때문입니다.

여기서 덧붙일 말이 있습니다. 만약 도덕이라는 개념 안에 어떤 진리가 있고, 어떤 대상이건 그 진리가 관련되어 있다고 가정한다면, 그 진리는 도덕 법률이 유효하다는 매우 의미심장한 징표가 되지 않겠습니까? 인간은 물론이거니와 모든 이성적인 존재 일반에게 유효하며, 어떤 우연적인 조건이나 예외적인 상황뿐만 아니라 절대적인 필연성에서도 도덕 법률이 유효하겠지요. 대체 무슨 권리가 우리에게 모든 이성적인 존재에게 적용되는 보편 명령을 가져다 주겠습니까? 그것은 인간성이라는 우연적인 조건에서만 유지되는 것일까요? 아니면 우리 의지를 결정하는 법률이 있어서 그것이 이성적인 존재 일반의 의지를 정하기 때문일까요? 어떤 경험도 그런 필연적인 법률의 가능성을 추론할 수 없습니다. 만약 법률이라는 것이 그저 경험적인 것에 지나지 않으며 순수 실천 이성으로부터 비롯되는 완전히 경험 무관한 것에 자기 뿌리를 두지 못하는 법률이라면, 우리에게도 단지 경험 수준의 법률에 그칠 따름입니다.

도덕을 실제 경험 사례에서 이끌어내기를 바라는 것만큼 도덕에 해로운 태도는 없습니다. 왜냐하면 내 앞에 제시되는 도덕의 모든 실제 사례는 그 자체가 먼저 도덕원리에 의해 검증돼야 하기 때문입니다. 과연 실제 사례가 하나의 원본 사례로서, 즉 본보기로서 기능할 가치가 있을지에 관한 검증입니다. 그렇지만 어떤 사례도 도덕 개념을 권위 있게 제공하지는 못합니다. 복음서의 예수조차 먼저 우리가 생각하는 도덕적 완전성과 비교돼야 합니다. 그런 후에야 비로소 우리는 예수를 도덕적 완전성을 나타내는 그리스도로서 인식할 수 있습니다. 그분은 그 자신에 대해서 이렇게 말했습니다.

"어찌하여 선한 일을 나(너희가 보는)에게 묻느냐 선한 이(선함의 본보기)는 오직 한 분(너희가 보지 못하는) 이시니라" [15]

그런데 우리는 최고선인 신의 개념을 어디에서 얻습니까? 단순히 도덕적 완전성이라는 이성 개념에서 얻지요. 그런 이성 개념은 경험 무관한 프레임이며, 자유의지라는 개념과 떼려야 뗄 수 없이 연결되어 있지요. 모방은 도덕 안에서 들어설 자리가 없습니다. 본보기 사례들은 그저 격려해주는 역할만 할 뿐입니다. 그런 사례들은 도덕 법률의 명령을 실행할 수 있을지에 대한 의

---

15 마태복음 19장 17절

심을 없애주며, 실천 규범이 더 일반적으로 통용되도록 시각적으로 보여주기는 하지만, 그렇다고 해서 그런 본보기 사례들이 우리로 하여금 이성 안에 존재하는 진정한 근원을 무시하게끔 할 수는 없습니다. 실제 사례는 우리의 안내자가 아닙니다.

도덕의 진정한 최상위 원리라는 것이 단지 순수한 이성에만 의존해야 하며 모든 경험으로부터 독립되어 있다고 생각해 보지요. 그렇다면 도덕 개념들은 그 안에 속하는 원리들과 함께 경험 무관하게 확립되며, 그렇기 때문에 (추상적으로) 보편적으로 도덕 개념을 제시하는 게 과연 좋은지 따질 필요도 없어집니다. 우리 지식이 통속적인 것과 달리 철학적으로 불린다면 말입니다. 그러나 실로 우리 시대에는 그렇게 따져보는 게 필요할지도 몰라요. 모든 경험적인 것에서 분리된 순수한 이성인식, 즉 도덕 형이상학과 대중적인 실천철학 중에서 무엇을 더 선호하는지 투표에 붙인다고 생각한다면, 어느 쪽이 우위를 차지할지 쉽게 짐작할 수 있기 때문입니다.[16]

먼저 순수 이성의 원리를 등정해서 그 원리들을 두루 통달한 다음에 대중적 개념으로 내려오는 것은 아주 칭찬할 만한 일

---

16 칸트의 순수 철학보다는 대중적인 실천철학이 더 인기가 있을 것이라는 의미.

입니다. 이는 우리가 형이상학 위에 윤리학을 올려놓음을 의미하며, 이렇게 기초를 굳건히 만든 다음에, 대중들이 도덕철학에 귀를 기울이도록 하는 것입니다.

그와 달리 순수 이성의 원리들의 타당성을 좌우하는 첫 번째 단계의 연구부터 대중성을 추구하는 것은 매우 어리석은 일입니다. 그런 식이라면 진정한 철학적 대중성의 드문 장점조차 주장할 수 없게 됩니다. 만약 철저한 통찰에 미련이 없다면 철학을 대중에게 이해시키는 기술 따위는 필요하지 않겠지요. 대중성의 때 이른 추구는 이리저리 모아서 역겹게 짜깁기한 경험지식이나 그저 반쯤 이치에 맞는 원칙들만 양산합니다. 이런 것을 얄팍한 머리들이 좋아합니다. 일상적인 수다에 써먹을 수 있기 때문이지요. 그렇지만 현명한 사람들은 단지 혼란만을 발견하고 자기 자신을 위해서는 쓸모가 없다며 불만스러워 하면서 다른 곳으로 시선을 돌리고 맙니다. 이런 속임수를 꿰뚫어 보는 철학자들은 어떨까요? 확실한 통찰을 얻은 후 철학자들은 비로소 정당한 대중성을 얻기 위해 적절한 기회를 맞아 거짓 대중성을 비난합니다만, 그때는 듣는 이가 거의 없습니다.

우리는 도덕주의자들이 대중적인 취향에 맞춰 도덕성을 다루려는 시도들을 눈여겨볼 필요가 있습니다. 그러면 우리는 거기서 인간 본성(일반적으로 이성 일반이라는 관념을 포함해서)

의 특별한 구성을 단번에 알아낼 것입니다. 그 구성이라는 것이 이렇습니다. 한때는 완전함이라는 둥, 다른 한때는 행복이라는 둥, 여기에서는 도덕감, 저기에서는 신에 대한 경외심, 이것 조금 저것 조금 식의 기묘한 뒤범벅입니다. 도덕원리를 어째서 사람마다 다른 본성에 대한 지식(우리가 오직 경험을 통해 가질 수 있는 그런 지식)에서 찾아야 하는지에 대한 의문도 없이 말입니다.

도덕 원리가 경험 지식에서 비롯되는 것이 아니라고 생각해 보세요. 이들 원리가 전적으로 경험 무관한 것으로부터 발견되어야 한다고, 모든 경험적인 것이 제외된 채 다른 것은 조금도 없는 오직 순수 이성의 개념에서 비롯되는 것이라고 가정한다면, 차라리 이 문제는 순수 실천철학이거나 혹은 (논쟁적인 명칭을 사용한다면) 도덕 형이상학^{C}으로 별개의 연구 방법을 채택하는 것이 낫습니다. 그리고 그 방법은 그 자체로 완성될 것인데, 대중성을 요구하는 대중에게는 이 작업의 결과를 기다려 달라고 요청하는 것입니다.

> C 칸트주석
> 순수 수학을 응용 수학과 구별하고 순수 논리학을 응용 논리학과 구별하듯이, 우리가 원한다면 순수 도덕철학(형이상학)을 응용 도덕철학(인간 본성에 응용된)과 구별할 수도 있습니다. 이렇게 명시하면 바로 떠올리게 되는 내용이 있습니다. 도덕 원리들이 인간 본성의 사람마다 다른 특징에 바탕을 두는 것이 아니라, 경험 무관하게 스스로 존재해야 한다는 점입니다. 그리고 그런 원리들을 통해 모든 이성적인 본성, 따라서 사람마다의 본성에 적합한 실천적인 규칙들을 추론해낼 수 있어야 한다는 점입니다.

이처럼 도덕 형이상학은 완전히 분리되어 있습니다. 인류학, 신학, 자연학이나 초자연학과 전혀 섞이지 않습니다. (하위자연학적이라고 부를 수 있는) 주술적인 특성과도 더더욱 섞이지 않습니다. 이러한 도덕 형이상학은 의무를 이론적으로 확실히 인식하는 데 꼭 필요한 토대이며, 동시에 의무가 내린 계율들을 실질적으로 수행하는 데 가장 긴요한 것이기도 합니다. 왜냐하면 도덕 형이상학에서는 외부에서 더해지는 경험적인 힘과는 전혀 섞이지 않은 순수한 의무 개념, 한마디로 도덕 법칙의 개념이 인간의 마음에 작용하기 때문입니다. 그것은 오직 이성을 통해서 (이로써 이성은 처음으로 자신이 스스로 실천적일 수 있음을 인식하게 됩니다) 이루어지는데, 그 영향력은 경험계에서 유래되는 그 어떤 동인[D]보다 훨씬 강력합니다. 그래서 이성은 자신의 존엄을 알아채면서 경험에서 유래되는 동인들을 내려다보고 차츰 그들의 주인이 될 수 있습니다. 그렇지만 뒤범벅된 윤리학은 감정과 성향에서 유발된 동기들이 한 부분을 차지하고 이성 개념도 한 부분을 차지하면서 필경 사람 마음을 여러 동기들 사이에서 갈팡질팡하게 만들 터입니다. 그런 동기들은 어떤 원리로부터 이끌어낼 수 없는 것이기도 하고, 그저 우연히 선함으로 이끌다가도 걸핏하면 악함으로 이끌기 일쑤입니다.

D 칸트주석

훌륭하신 고(故) 술처[17] 교수님으로부터 편지 한 통을 받았습니다. 그분은 도덕적 가르침이 이성의 견지에서 설득력 있는 면을 많이 포함하고 있는데도 어째서 그리 미미한 성취를 보이는지 물으셨습니다. 완벽한 답을 준비하려다 보니 제 답변이 늦어졌습니다. 하지만 답은 간단합니다. 가르치는 사람들 자체가 자기만의 개념을 명확하게 세워두질 못했습니다. 그들이 이 부분을 보강하기 위해 애쓰며 사방팔방에서 도덕적 선함의 동기를 쓸어 모으고 약효가 아주 센 약을 만들려고 용쓰다가 아예 망쳐버린 꼴입니다. 흔히 보게 되는 다음과 같은 상황이 있어서입니다. 한편으로는 우리가 이 세상에서든 딴 세상에서든 모종의 이익을 꾀하는 의도는 전부 제쳐놓은 채, 궁핍함이나 유혹의 어마어마한 시험 하에서라도 꿋꿋한 마음으로 행하는 올바른 행위가 있다고 가정하지요. 다른 한편으로는 아무리 조금이라도 외부의 동기에 영향을 받은 유사한 행위가 있다고 합시다. 전자의 행위는 후자의 행위를 훌쩍 앞서가며 그런 유사한 행위를 무색하게 만듭니다. 그리고 그런 올바른 행위는 정신 수준을 향상시켜 우리도 그런 식으로 행동할 수 있기를 바라는 소망을 품게 합니다. 하물며 어느 정도 머리가 굵은 아이들도 이런 느낌을 받습니다. 다른 방식으로는 아이들에게 이렇게 의무를 설명해 주지는 못합니다.

앞에서 말한 내용에서 다음과 같은 점이 분명해집니다. 모든 도덕 개념은 이성 안의 경험 무관한 근원을 두고 있다는 점입

---

17 요한 게오르그 술처(Johann Georg Sulzer, 1720~1779). 프로이센 철학자이자 교육자. 1775년부터 베를린 학술원의 철학부장을 역임했다.

니다. 이는 높은 수준의 이론적인 이성이든 지극히 평범한 이성이든 마찬가지입니다. 또한 그 어떤 경험적인 인식으로부터는, 즉 그저 우연한 인식으로부터는 도덕 개념을 얻을 수 없다는 의미입니다. 우리가 도덕 개념을 최고의 실천 원리로 삼을 만한 존엄을 부여하는 까닭은 바로 그 근원이 순수하다는 데 있습니다. 우리가 뭐든 경험적인 것을 그 순수한 근원에 보탠다면, 거기에 딱 비례해서 도덕 개념의 진정한 영향력과 행위에 대한 절대적인 가치가 떨어지게 됩니다.

경험이 묻어 있지 않은 순수 이성으로부터 도덕 개념과 법률을 이끌어내는 것, 그것들을 아무것도 섞이지 않은 순수한 상태로 제시하는 것, 심지어 이 실천적이고 순수한 이성인식의 범위를 정하는 것, 예컨대 순수 실천 이성의 전체 능력을 정하는 것은 순전히 이론적인 관점으로도 매우 필요할 뿐 아니라 실천적으로도 아주 중요합니다. 이론철학은 이성이 인간의 자연본성에 의존함을 인정하지만, 실천철학에서는 도덕 원리가 인간 이성의 사람마다 다른 자연본성에 의존토록 해서는 안 됩니다. 왜냐하면 도덕 법률은 모든 이성적인 생명체에 유효해야 하기 때문이며, 이성적인 존재 일반의 보편적인 개념으로부터 이 법률을 이끌어내야 하기 때문입니다.

이런 과정에서 도덕이 인간에게 적용될 때 인간학이 필요해지기도 합니다만, 그래도 우선은 도덕을 인간학과 관계없이 순수한 철학으로 독립적으로 다뤄야 합니다. 예컨대 형이상학 그 자체로 온전히 다뤄야 하지요(그처럼 별개의 학문 분야인 것이어야 쉽게 다뤄집니다). 우리에게 형이상학이 없다고 가정한다면 헛되고 헛됨밖에 없습니다. 의무에 맞는 이런저런 행동에서 무엇이 도덕 요소인지 이론적으로 정하는 일도 허사거니와, 진정한 실천 원리로서 도덕을 근원으로 삼기 불가능해지기 때문입니다. 이는 평범한 실천에서도 마찬가지인데, 특히 도덕을 가르칠 때조차 도덕을 근원으로 삼기 불가능해진다는 말씀입니다. 결국 이 세상이 지극히 선해지도록 하기 위해 순수한 도덕적인 성향을 만들기도 어렵고 그것을 사람들의 마음에 심어주지도 못하게 된다는 의미입니다.

이러한 연구 과정에서 우리가 이미 행한 것처럼 평범한 도덕적 판단(매우 존중될 가치가 있습니다)에서 자연스러운 단계를 밟아 철학적 판단으로 나아가야 합니다. 뿐만 아니라 실제 사례의 도움을 받아 여기저기 더듬으며 이르게 되는 철학에 불과한 대중적인 철학에서 형이상학으로 전진해야 합니다(형이상학은 이성인식의 전체 범위에 걸쳐서 판단해야 하므로, 더 이상 경험적인 것에 의해 방해 받지 않으며, 실제 사례로는 우리를 만족시킬 수 없는 이상적인 개념에 이르기까지 가야 합니다). 형이상학으로 나아가기 위해 우리는 이성의 실천적 능력을 따라야 합니다. 그리고 이성의 실천적 능력이 정하는 보편적인 규칙에서부터 그 능력에서 비롯되어 의무 개념이 생성되는 지점까지 명확하게 설명해야 합니다.[18]

자연계의 모든 것은 법칙에 따라 작동합니다. 오직 이성적인 존재만이 법칙의 개념에 따라, 다시 말해 어떤 원리들에 따라 행동하려는 능력인 의지를 지니며, 그 의지가 바로 실천 이성입니다. 법률에서 행동을 끌어내려면 이성이 필요하기 때문입니다. 만약 이성이 아주 확실하게 의지를 결정해 버린다면, 그런 존재의 행위는 객관적으로 필연적이며, 동시에 주관적으로도 필연적이게 됩니다. 이 경우 의지는, 성향에 의존하지 않는 이성이 오직 실천적으로 필요하다고 인식하는 것, 다시 말해 선하다고 인식하는 것만을 선택하는 능력을 뜻합니다.[19]

그러나 만약 이성이 오롯이 그 의지를 결정하기에 부족하다면 어떨까요? 의지가 때때로 객관적인 조건과 어긋나기도 하는 주

---

18 이 장을 이해하는 데 열쇠 역할을 하는 중요한 단락이다. 즉 제2장에서 칸트는 "이성의 실천적 능력이 정하는 보편적인 규칙에서 의무 개념이 생성되는 지점까지"를 세 가지 도덕의 원리, 즉 세 개의 정언명령문을 제시하면서 자세히 논증한다.

19 예를 들면 신에 대한 이야기

관적인 조건(개별적인 충동)에 영향을 받기도 한다면 어떻겠습니까? 즉, 의지가 이성을 잘 따르지 않는다면 어떨까요? (인간사 실제로 있는 일입니다)[20] 그러면 객관적으로 필요한 행동들이 주관적으로는 우발적이게 됩니다. 이때 객관적인 법률에 따르려는 의지는 양심의 구속Obligation이 됩니다.[21]

다시 말하면 객관적인 법률과 의지의 관계는, 객관적인 법률이 이성을 근거로 이성적인 존재의 전적으로 선하지만은 않은 의지를 강제하려고 들지만, 의지는 반드시 이성에 복종하지만은 않는 관계입니다.

양심의 구속을 부과하는 한, 객관적인 원리라는 것은 (이성의) 명령이라 칭해집니다. 그리고 그 명령의 표현 형식을 명령문이라 부릅니다.

---

20 인간에 대한 이야기. 이제부터 칸트는 도덕법을 지켜야 하지만 지키지 않으려는 인간(이를 '인간 의지의 주관적인 불완전성'이라고 칸트는 말한다)에 대해 이성이 어떤 역할을 하는지를 자세히 설명한다.

21 의지가 '나는 그렇게 행동할 것이다'라며 자발적이고도 저절로 법을 따르는 게 아니라, '나는 그렇게 행동해야만 한다'면서 법을 따라야 하는 강제력을 받게 된다는 의미이다. 절대적으로 선한 의지에게는 저절로 올바른 행동을 하므로 양심의 구속이 없고, 절대적으로 선하지만은 않은 의지에게는 도덕법에 따라 행동해야만 하는 양심의 구속을 받는다.

모든 명령문은 해야만 한다(혹은 할 것이다)라는 어구로 표현되면서, 의지에 대한 객관적인 법률의 관계를 나타냅니다. 의지의 주관성은 그 관계에 의해 필연적으로 정해지는 것은 아닙니다(양심구속이라는 강제를 받습니다). 명령문은 말합니다. 어떤 일을 하거나 혹은 삼가는 게 선함에 좋다고 말이죠. 그런데 의지는 어떤 행동이 선한 것처럼 보인다고 해서 그 행동을 항상 행하지는 않습니다. 명령문은 그런 의지에게 선함을 명령하지요. 그것은 어떤 행동이 선한지에 관한 선함입니다. 그 실천적인 선함이 이성이라는 개념에 힘입어 의지를 결정하겠다는 것입니다. 그러므로 실천적인 선함은 주관적인 원인에서 비롯되지 않고, 객관적으로, 다시 말해 모든 이성적인 존재에 대해 타당하고 합법적인 원리에 의거해서 의지를 정합니다.

이러한 실천적 선함은 쾌락과는 구별됩니다. 쾌락이라는 것은 그저 주관적인 원인에서 비롯되는 감각을 통해서만 의지에 영향을 미치며, 그래서 이런 감각 혹은 저런 감각에 대해서만 타당할 뿐이지 모든 사람이 지니고 있는 이성의 원리는 아닙니다.[E]

> E 칸트주석
> 욕망이 감각에 의존하는 것을 성향이라고 합니다. 결국 성향은 항상 욕구를 나타냅니다. 우발적으로 정해지는 의지가 이성의 원리에 의존하는 것은 관심이라 칭합니다. 따라서 스스로 늘 이성에 따르지만은 않는 의존적인 의지의 경우에서만 관심을 확인하게 됩니다. 절대자의 신성한 의지에서는 그 어떤 관심도 생각할 수 없지요. 그러나 인간의 의지는 어떤 것에 관심을 가질 수 있습니다. 관심에서 비

롯된 행위를 하지 않으면서도 말입니다. '관심을 갖는다'는 표현은 행위에 대한 실천적인 관심을 나타내고, '관심에서 비롯된 행위'는 행위 대상에 대한 정념적 관심을 나타냅니다. 전자는 의지가 이성의 원리 그 자체에 의존한다는 것만 나타내고, 후자는 성향을 위해 이성의 원리에 의존하는 것을 나타냅니다. 여기서 이성은 성향의 필요가 어떻게 충족되는지에 따라 실천적 규칙만을 제공합니다. 첫 번째 경우에 나의 관심은 행위를 향하고, 두 번째 경우에는 행위의 대상(그것이 내게 기분 좋은 대상이기 때문입니다)에 관심이 갑니다. 의무 때문에 행해진 행위에서는 대상에 대한 관심이 아니라 오직 행위 자체와 이성적 원리(즉, 법률)에 관심을 두고 봐야 한다는 것을 1장에서 살펴보았습니다.

완벽하게 선한 의지도 똑같이 객관적인 법률(즉 선함의 법률)의 영향을 받습니다. 그러나 적법하게 행동하도록 강제된다고 여겨질 수는 없겠지요. 왜냐하면 완벽하게 선한 의지는 완벽하게 선한 의지 자신으로부터 저절로 비롯되기 때문이며, 단지 선함의 개념에 의해 밝혀질 수 있을 뿐입니다. 그러므로 어떤 명령문도 절대자의 의지 또는 대체로 신성한 의지에 대해서는 적용될 수 없습니다. 〈해야만 한다〉는 이 상황에는 맞지 않지요. 절대자의 의지력은 이미 필연적으로 그 법률에 자연히 합당하기 때문입니다. 따라서 명령문은 이런저런 이성적인 존재가 지니는 의지, 예컨대 인간 의지의 주관적인 불완전성에 대해 의지력 일반의 객관적인 법률이 갖는 관계를 표현하는 형식에 한합니다.

모든 명령문은 조건적인 명령^{가언명령}이거나 혹은 무조건적인 명령^{정언명령}입니다. 가언명령은 어떤 가능한 행위에 대한 실천적 필연성을 나타내는데, 이는 누군가가 이루고자 하는(혹은 적어도 이루려는 의지를 보일 수 있는) 무언가를 달성하려는 수단을 뜻하지만, 정언명령은 그 자체로 필연적인 행위를 나타내는 것입니다. 정언명령은 이런저런 다른 목적과는 관계가 없으며, 다시 말해 객관적인 필연성을 나타냅니다.

모든 실천 법률은 이런 행동이건 저런 행동이건 어떤 행동을 선한 행위로 제시합니다. 그래서 이성에 따라 행동을 정하려는 주체에게 모종의 행동이 필요하다고 안내합니다. 따라서 모든 명령문은 어떤 점에서는 선한 의지의 원리를 따르는 데 필요한 행위를 밝히는 표현 형식입니다. 만약 어떤 행동이 그저 다른 무엇인가를 위한 수단으로서만 선하다면, 그때 이성의 명령은 가언명령입니다. 만약 그 행동이 그 자체로 선하며 따라서 저절로 이성에 합당한 의지의 필연적인 원리가 되는 것으로 여겨진다면 그때의 이성 명령은 정언명령입니다.

그러므로 이러한 명령문은 나를 통해 가능한 어떤 행위가 선한지를 선언합니다. 또한 명령문은 단지 선하다는 이유만으로 어떤 행동을 지체없이 실행하지는 않는 의지에 대한 실천 규칙을 나타냅니다. 그저 선하다는 이유로 즉시 행하지 않는 까닭은 그 행위가 선한지 여부를 행위 주체가 항상 알지는 못해서이기도 하고, 혹시 안다 해도 주체들이 저마다 지니고 있는 개인적인 규범이 실천 이성의 객관적 원리에 반할지도 모르기 때문입니다.

행위에 어떤 의도가 있는 경우, 가언명령은 그 행위가 있을 법한 의도라거나 혹은 실제 있는 의도라거나 하는 의도에 대해서 선함을 말할 뿐입니다. 있을 법한 의도일 경우 가언명령은 미정적problematical 실천 원리입니다. 실제 있는 의도일 경우에는 확정적assertorical 실천 원리입니다. 그러나 정언명령은 어떤 행위가 여느 의도와 관계없이, 말하자면 다른 어떤 목적도 없이 그 자체로 객관적인 필연성이 있다고 선언합니다. 고로 이 명령문은 절대적 원리에 해당합니다(실천적).

어떤 이성적인 존재의 힘을 통해서만 가능해지는 무언가가 있다고 합시다. 그 가능한 모든 것을 어떤 의지의 있을 법한 의도라고 생각할 수도 있습니다. 있을 법한 의도를 달성하는 데 필요한 수단에 관한 행위 원리들은 사실상 무수히 많지요. 모든 학문에는 실천적인 부분이 있습니다. 그런 실천적인 부분은 어떤 목적이 우리에게 가능한지를 나타내는 문제들과, 어떻게 그 목적이 달성될 수 있는지를 지시하는 명령들로 이루어져 있습니다. 따라서 이러한 명령들은 대체로 숙련skill의 명령이라 부를 수 있습니다.

숙련의 명령에서는 그 목적이 이성적이며 선한지는 전혀 문제가 되지 않습니다. 오직 그 목적을 달성하려면 무엇을 해야만 하는지가 관건입니다. 의사가 환자의 건강을 철저히 책임지기 위해 따르는 지침과 독살자가 환자의 목숨을 확실히 끊어버리기 위해 따르는 지침이 있다고 가정합시다. 이 두 가지 지침은 각각 의도를 완벽하게 달성하는 데 도움이 된다는 측면에서 동일한 가치를 지닙니다. 우리가 어렸을 때에는 자신의 인생 여정에서 장차 어떤 목적이 생길지 알지 못하지요. 그래서 부모는 어떻게든 자식이 별의별 수많은 것을 배우도록 동분서주합니다. 온갖 종류의 목적에 합당한 수단을 이용하는 기술을 전수하지요. 부모는 장차 자기 자식들에게 어떤 목적이 주어질지 알 수 없습니다. 어쨌든 추구할 수 있는 모든 가능한 결과들은 있습니다만, 자식에 대한 염려가 너무 큰 나머지 목적으로 선택될 만한 것들에 대해 가치 판단을 한다거나 바로잡는 데에는 대체로 게으르지요.

그런데 모든 이성적 존재에게는 실제로 적용된다고 가정할 수 있는 한 가지 목적이 있습니다(의존적인 존재인 그들에게 명령문이 적용되는 한에서는 그러합니다). 단순히 이성적 존재가 지닐 수 있을 뿐 아니라 이성적 존재가 천성적으로 반드시 갖고 있다고 확실히 가정할 수 있는 한 가지 목적, 그것은 바로 행복입니다. 행복 증진의 수단으로 어떤 행동을 해야만 한다고 명령한다면 그것은 단정적인 가언명령입니다. 이 명령은 불확실하고 그저 있을 법한 의도에 대해 필연적인 게 아니라, 인간의 본질에 속한 행복에 관한 것이므로 모든 인간에게 확실하며 또한 경험 무관한 것으로 전제할 수 있는 의도에 대해 필연적입니다. 이제 자신의 웰빙을 극대화하는 수단을 선택하는 숙련을 매우 좁은 의미에서는 영리함^{prudence}이라 부를 수 있습니다.[F]

> F 칸트주석
> 영리함이라는 단어는 두 가지 의미로 이해할 수 있습니다. 하나는 세상살이 영리함을 뜻하는 것이고, 다른 하나는 개인적인 영리함입니다. 전자는 자기 의도에 맞게 다른 사람들을 이용하고자 그들에게 영향력을 행사하는 능력입니다. 후자는 자신의 영구적 이익을 위해 이 모든 의도를 통합하는 현명함입니다. 사실 개인적인 영리함은 세상살이 영리의 가치가 변형된 것이죠. 그리고 세상살이 영리함의 측면에서는 영리한 사람이 개인적인 영리함에서는 그렇지 않을 때가 있습니다. 우리는 그런 사람을 약삭빠르고 교활하지만 전반적으로 영리하지 못하다고 말하는 편이 낫습니다.

자기 자신의 행복에 이르는 수단을 선택할 때 적용되는 명령, 즉 영리함이라는 계율은 여전히 언제나 조건적입니다. 무조건적으로 행위를 명령하는 것이 아니라 오로지 다른 의도를 위한 수단으로서 명령하는 것입니다.

마지막으로, 행동을 통해 달성되는 그 어떤 다른 의도를 조건으로 하지 않은 채, 어떤 특정한 행동을 즉각적으로 명하는 명령이 있습니다. 이 명령은 무조건적입니다. 이것은 행위의 내용이라거나 의도된 결과와는 관련이 없으며, 명령의 형식과 관련합니다. 정언명령은 형식 그 자체가 결과인 원리입니다. 그 행위의 결과가 무엇이든 본질적으로 선한 것은 마음가짐에 있으며, 이때의 명령이 도덕의 명령이라 불릴 수 있습니다. 이 세 가지 원리[22]에 대한 바라는 마음 사이에는 의지가 갖는 양심의 구속이 다릅니다. 이 차이점을 더욱 명확히 나타내기 위해서, 나는 그 세 가지 원리를 순서대로 다음과 같이 이름 붙이는 것이 가장 어울릴 것이라고 생각합니다.

숙련의 규칙,

영리함의 충고,

도덕의 명령(법률).

법률만이 무조건적이며 객관적인 필연성의 개념을 포함합니다. 결과적으로 법률만이 보편적으로 타당하며, 명령이란 복종, 즉 개인적인 성향에 반할지라도 따라야만 하는 법률이기 때문입니다. 물론 충고도 필연성을 포함하기는 합니다만, 충고 하나하나는 우발적이며 주관적인 조건에서만 유효할 뿐입니다. 즉, 충

---

22 있을 법한 의도에 관한 미정적인 실천 원리, 실제로 있는 의도에 대한 확정적인 실천 원리, 의도와 관계없이 필연적인 도덕 원리

고라는 것은 이런저런 사람이 이것이나 저것을 자기 자신의 행복의 일부라고 생각하는 것에 의존할 따름이지요. 그러나 정언명령은 다릅니다. 정언명령은 어떤 조건으로도 제한되지 않고, 절대적이며 필연적으로 행동을 명령합니다. 우리는 또한 첫 번째 종류의 명령문은 숙련적(기술에 속합니다), 두 번째 종류의 명령문은 실용적(행복에 속합니다)[G], 세 번째 종류의 명령문은 도덕적(자유로운 행동 일반, 즉 도덕에 속합니다)이라고 칭할 수도 있지요.

G 칸트주석
실용적이라는 단어의 적합한 의미가 이런 식으로 가장 정확하게 정의되는 것 같습니다. 국가의 강제 조치는 필연적인 법률로서 국가의 권리에서 나온다기보다는 보편적인 복지를 위한 예방적 대책에서 나와 실용적이라고 불리기 때문입니다. 역사가 영리함을 가르칠 때, 말하자면 세상이 어떻게 이전 시대의 사람들보다 더, 혹은 최소한 그들만큼 이득을 얻도록 준비할 수 있는지 가르칠 때 역사는 실용적으로 기록된 것입니다.

이제 다음과 같은 물음이 제기됩니다. 〈이 모든 명령문이 어떻게 가능할까?〉 이 문제는 명령문이 명하는 행동을 우리가 어떻게 이뤄낼지에 대한 이해를 묻는 게 아닙니다. 그저 이 명령문이 표현하는 의지에 대한 양심의 구속을 우리가 어떻게 이해할 수 있을지에 대한 물음입니다.

기술의 숙련에 관해서는 누구든지 그 목적을 이루려 하며 (이성이 자기 행동을 결정하는 한) 자기 능력껏 꼭 필요한 수단을 원하기 때문에 숙련의 명령이 어떻게 가능한지를 보여주기 위해 특별한 설명이 필요 없습니다. 내 자신이 원인이 돼서 원하는 대상을 이루려는 행동을 하는 것은, 다시 말해 수단을 포함하는 원인은 분석적입니다. 숙련의 명령은 목적을 이루려는 바라는 마음의 개념으로부터 이 목적에 필요한 행위의 개념을 이끌어냅니다. 제시된 목적을 이루기 위한 수단을 정할 때에는 당연히 종합명제를 써야 마땅하지요. 그러나 종합명제는 의지 작용의 원리에 관한 것이 아닙니다. 그것은 대상과 그 대상의 현실화에 관한 것입니다. 예를 들어 보지요. 수학은 하나의 선을 정확한 원리로 이등분하기 위해서는 선의 양 끝에서 두 개의 교차하는 호를 그려야 함을 가르치며, 이때의 선분 이등분 명제는 종합명제입니다. 그런데 만약 선분을 이등분하기 위해 그런 방법을 써야만 함을 알고 있다면, 즉 결과를 완벽하게 해내기를 원한다면 나는 그것에 필요한 행동을 해야 할 것이라는 명제는 분석명제입니다. 왜냐하면 내가 어떤 방식을 통해 이끌어낼 수 있는 결과를 생각하는 일과, 그런 방식으로 행동하는 자기 자신을 생각하는 일은 결국 같은 것이기 때문입니다.

만약 행복이란 바로 이런 것이라고 정의하는 게 쉽기만 하다면, 영리함의 명령은 숙련 명령과 정확히 일치할 것입니다. 그리고 마찬가지로 분석적이겠지요. 이 경우에 다음과 같이 말할 수 있기 때문입니다. "목적을 이루고자 하는 사람은 (당연히 이성적으로 생각하면서) 자기 능력에서 그것을 이루는 필수적인 수단을 원한다". 하지만 유감스럽게도 행복의 개념은 너무 막연해서 모든 사람이 행복을 얻고자 소망한들 자신이 정말 무엇을 소망하면서 이루고자 하는지 명확하고 일관성 있게 말할 수는 없습니다. 행복의 개념에 속한 모든 요소가 전적으로 경험적이기 때문입니다. 즉 모든 요소를 경험에서 빌려와야 한다는 뜻이지요. 그런데 행복 관념은 나의 현재와 온갖 미래 상황까지 포함해서 그 최대의 복리를 요구합니다. 더없이 총명하고 동시에 매우 뛰어난 능력이 있는 존재(유한한 존재겠지요)조차 자신이 정말로 무엇을 원하는지에 대해 어떤 분명한 개념을 궁리하는 것은 불가능합니다.

그가 원하는 것이 재물입니까? 그것 때문에 숱한 걱정과 질투와 유혹을 짊어져야 하지 않겠습니까? 그가 원하는 것이 지식과 분별력이라면 어떨까요? 그러면 어쩌면 아주 예민한 눈을 가져야만 하겠죠. 그래서 당장은 숨겨져 있지만 피할 수 없는 사악함이 더욱 공포스럽게 눈에 어른거릴 것입니다. 이미 그가 충분히 걱정하고 있는 욕망에 걱정해야 할 더 많은 욕망을 부과할지도 모릅니다. 그가 원하는 것이 장수라면 어떨까요? 오랫동안 비참한 삶을 사는 것이 아니라고 누가 보장하겠습니까? 아니면 적어도 건강하기만을 바란다면요? 더할 나위 없이 건강한 몸이 허락됐다면 무절제한 생활에 빠져들었을 텐데 불편한 몸이어서 그런 생활을 자제하는 경우도 많지 않겠습니까? 요컨대 무엇이 자신을 진정으로 행복하게 해줄지는 어떤 원칙으로도 결정할 수 없다는 것입니다. 그렇게 하려면 모든 것을 다 알고 있어야 할 테니까요. 그러므로 우리는 어떤 명확한 원리에 근거해서 행복을 얻으려는 행동을 할 수는 없습니다. 오직 경험적인 충고, 이를테면 건강한 식사와 운동, 검소함, 공손함, 신중함 등 일반적으로 삶의 안녕을 증진한다고 경험이 가르쳐주는 충고에 따라서만 행동할 수 있을 뿐입니다.

여기에서 다음과 같은 결론이 나옵니다. 엄밀히 말해서 영리함의 명령은 전혀 명령하지 않는다는 것입니다. 영리함의 명령은 어떤 행위를 제시할 때, 실천적으로 반드시 필요한 것이라고 객관화해서 제시하지는 못한다는 점, 영리함의 명령은 이성의 계율이라기보다는 충고로 여겨져야 한다는 점, 과연 어떤 행동이 이성적인 존재의 행복을 증진할지를 확실하고 보편적으로 결정할 수는 없다는 점 때문입니다. 따라서 그 어떤 명령도 엄밀한 의미에서는 우리를 행복하게 하는 것을 명령하기란 불가능합니다. 행복은 이성의 이상이 아니며,[23] 그저 경험적인 근거에 의존하는 상상의 이상일 뿐입니다. 사실상 무한한 결과 전체를 한 사람이 다 달성할 수 있는 것처럼 어떤 행위를 정의하겠다는 것인데, 그런 기대 자체가 헛수고입니다.

그래도 행복 달성을 위한 수단이 확실히 정해질 수 있다고 가정한다면, 이 영리함의 명령은 분석명제이겠습니다. 영리함의 명령은 숙련의 명령과 구별되기는 합니다. 숙련의 명령에서 목적은 단지 있을 법함에 그치지만, 영리함의 명령에서는 목적이 주어져 있기 때문입니다. 이런 차이에도 불구하고 두 가지 명령문 모두 목적을 가정해서 이루려는 수단을 명령합니다. 그러므로 목적을 이루려는 사람에게 그 수단을 이루려는 의지를 명령하는 명령문은 두 경우 모두 분석적입니다. 따라서 그런 명령의 가능성에 관해서는 어려움이 없습니다.

이제 도덕의 명령이 어떻게 가능할까라는 물음에 대한 해결만이 남아 있습니다. 이 명령은 전혀 조건적이지 않습니다. 이 명령이 제시하는 객관적인 필연성은 가언명령의 경우처럼 어떤

---

23 칸트는 1장에서 행복은 이성의 사명이 될 수 없음을 논증했다. 그 부분과 함께 읽으면 행복은 이성의 이상이 아니라는 칸트의 생각을 더 쉽게 이해할 수 있다.

조건에도 의존하지 않기 때문입니다. 여기서 우리가 결코 논외로 두면 안 될 것이 있지요. 그런 명령문이 과연 있기는 할까라는 문제입니다. 이 문제는 어떤 실제 사례로는, 즉 경험으로는 이해할 수 없습니다. 무조건적으로 보이는 모든 명령이 실제로는 조건적이지 않은지 도리어 우려스럽지요. 예를 들어 "너희는 거짓 약속을 하지 말지니라"라는 계율이 있습니다. 이 계율이 갖는 필연성이라는 것은 단지 어떤 해악을 피하라는, "거짓이 탄로나면 신용을 잃게 되므로 거짓 약속을 하지 말지니라"라는 충고는 아니겠지요. 거짓 약속을 하는 류의 행위는 악함 그 자체로 여겨져야 하고, 따라서 이 금지명령은 무조건적입니다.

우리는 어떤 사례를 제시하면서 의지가 법률에 의해 정해졌음을 확연히 증명할 수는 없습니다. 설령 그렇게 보일지라도 말입니다. 왜냐하면 수치를 당할 것이라는 두려움, 다른 위험에 대한 막연한 공포가 의지에 은밀히 영향을 미칠 가능성이 늘 있기 때문입니다. 경험이 우리에게 말하는 모든 것을 우리가 이해하지 못할 때, 그 누가 원인이 존재하지 않음을 경험으로써 증명할 수 있겠습니까? 경험으로 증명하려고 한다면, 정언적이며 무조건적으로 드러나는 이른바 도덕명령이 실제로는 단지 실용적인 계율에 그칠지도 모릅니다. 우리에게 자기 이익에 대한 관심을 촉구하고 그저 우리로 하여금 그 이익을 고려하라고 가르치면서 말입니다.

이처럼 정언명령이 경험에 의해 주어졌을 것이라고 볼 때의 이점이 없기 때문에 우리는 정언명령의 가능성을 경험 무관하게 연구해야만 합니다. 그래서 정언명령의 가능성에 대한 해명은 단지 설명하는 것이 필요할 뿐이지, 그것을 어떻게 만들지에 대한 작업이 필요하지는 않습니다. 그사이 이미 알아챘을지도 모르겠습니다만, 정언명령만이 홀로 실천 법률이라고 칭해질 수 있습니다.

정언명령이 아닌 나머지 명령은 모두 의지에 관한 원리들이라고 불려질 수는 있겠으나 법률은 아닙니다. 임의로 정한 어떤 목표를 달성하는 데에만 필요한 것은 무엇이든 그 자체로 우발적이라 여겨질 수 있으며, 우리가 그 목표를 단념한다면 언제든 그 계율에서 자유로워질 수 있습니다. 이와 달리, 무조건적인 명령은 의지가 재량껏 명령의 반대편에 있는 자유를 허락하지 않습니다. 결과적으로 우리가 법률에서 요구하는 필연성이란 정언명령만이 홀로 지닐 뿐입니다.

두 번째로 이 정언명령 또는 도덕 법률의 경우, 아주 큰 난해함(그 법률의 가능성을 알아내는 난해함)이 있는데, 정언명령은 경험 무관한 종합 실천 명제라는 것입니다.[H] 이런 종류의 이론적인 명제의 가능성을 알아내는 것도 매우 어려운 일이므로, 실천적인 명제의 난해함도 만만치 않으리라 쉽게 짐작할 수 있겠지요.

> H 칸트주석
> 나는 어떤 성향에서 비롯된 전제 조건 없이 행위를 의지와 연결시킵니다. 경험 무관하게 따라서 필연적으로(물론 그저 객관적으로만, 가령 모든 주관적 동기를 장악하는 완전한 전권을 지닌 이성의 관념 하에서) 연결시킵니다. 여기서 우리는 하나의 실천적인 명제를 갖게 됩니다. 이 명제에서 어떤 행동을 하겠다는 의지력은 이미 전제된 다른 의지력으로부터 분석적으로 추론되지 않습니다(우리는 그런 완전한 의지를 갖고 있지 않기 때문입니다). 그보다는 이성적 존재의 의지라는 개념과, 직접적으로 이 개념 안에 포함되지 않는 어떤 것과 연결됩니다.

그런데 정언명령이 어떻게 가능할까라는 문제에 직면하여, 정언명령의 개념만으로 어쩌면 정언명령을 알아낼 수 있지 않을까요? 먼저 이것에 대해 알아보겠습니다. 이는 정언명령문이 될 수 있는 명제를 포함합니다. 그토록 절대적인 명령의 취지를 우리가 알더라도, 그것이 어떻게 가능할지의 문제는 더욱 특별하게 또 수고스럽게 연구해야 하기 때문에 마지막 장까지 유보해 두겠습니다. 내가 가언명령을 이해할 때에는 주어진 조건을 내가 알기 전까지 그 가언명령이 무엇을 포함하고 있는지 대체로 미리 알지는 못합니다. 그러나 정언명령에서는 그 명령이 무엇을 포함하는지 단번에 압니다. 무조건적인 명령문은 그것이 나타내는 법률을 좌우명이 따르도록 하는 필연성만을 포함하기 때문입니다. 법률은 그것이 제한 받는 조건을 전혀 포함하지 않으며, 행위의 좌우명이 보편적인 법률을 따라야만 한다는 일반적인 언명만 남아 있을 뿐입니다. 정언명령이 정말로 필연적임을 나타내는 것은 오직 이렇듯 따라야만 한다는 정합성뿐입니다.

> | 칸트주석
> 좌우명은 행위의 주관적인 원칙이며, 객관적인 원리, 즉 실천 법률과는 구별되어야 합니다. 좌우명은 주체의 조건(종종 주체의 무지거나 혹은 성향)을 감안해서 이성이 정해 놓은 실천 규칙을 포함합니다. 그래서 좌우명은 자기가 정한 규칙에 따라 행동하는 원칙입니다. 그에 반해 법률은 모든 이성적 존재에게 유효한 객관적인 법률이며 그것에 따라 행동해야 마땅한 원칙, 즉 명령문입니다.

그러므로 여기 하나의 정언명령문이 있습니다.
"그 좌우명이 동시에 보편적 법률이 되도록 네가 의욕할 수 있는 좌우명에 따라서만 행동하라".

이제 의무의 모든 명령문이 자기들의 원칙으로서 이 한 가지 명령문에서 추론될 수 있다고 가정해 보지요. 의무라고 불리는 것이 그저 공허한 개념이 아니라는 점은 아직 미해결 상태입니다만, 적어도 의무를 통해 우리가 이해하는 것과 이 의무 개념이 의미하는 것을 보여줄 수는 있습니다. 법의 보편성은 무언가 발생되도록 하는 힘을 지닙니다. 가장 일반적인 의미에서 (형식에 관해서) 적절하게는 자연이라 불리는 것, 즉 사물의 존재를 구성하지요. 존재가 법칙들에 의해 정해지는 한 말입니다. 그렇기 때문에 의무의 명령문은 이렇게 표현될 수 있습니다.

"네 행위의 좌우명이 네 의지에 의해 보편적인 자연법칙이 되어야 할 것처럼 행동하라."

이제 몇 가지 의무를 열거해 볼 텐데, 이는 일반적인 구분에 따라 우리 자신에 대한 의무와 타인에 대한 의무, 완전한 의무와 불완전한 의무로 나뉩니다.ᴶ

> J 칸트주석
> 이쯤에서 짚고 가야 할 것이 있습니다. 나는 장차 도덕 형이상학을 위해 의무의 구분을 유보해 두고 있으며, 따라서 여기서는 (용례를 정리하기 위해) 임의로 구분해 둔다는 점입니다. 나는 완전한 의무란 성향을 위해서 어떤 예외도 여지를 두지 않는 것으로 이해합니다. 그래서 완전한 의무들 사이에서 내적인 의무는 물론 외적인 의무도 인식합니다. 이것은 학계에서 채택한 용어 사용과는 어긋난 것입니다만, 그래도 나는 이게 옳다고 해명하지는 않겠습니다. 이런 용어 사용이 인정을 받든 받지 않든 나의 의도를 위해 아무래도 좋기 때문입니다.

1. 일련의 불행을 겪고서는 지칠 대로 지쳐 삶에 환멸을 느끼면서 절망에 빠진 어떤 남자가 있습니다. 여전히 이성을 소유하고 있는 그는 스스로에게 물어 볼 수 있을 것입니다. 목숨을 끊는 일이 그 자신에 대한 의무에 어긋나는 일이 아닐지에 대한 물음입니다. 자, 그가 갖고 있는 행위의 좌우명이 보편적 자연법칙이 될 수 있을지 알아보는 것입니다. 그의 좌우명은 이렇습니다. '오래 살아 봤자 만족스럽기보다는 더 큰 재앙만 초래

한다면, 나를 사랑하는 마음으로 생을 단축시키는 것을 내 행동의 원칙으로 삼으리라.' 자기애에 기초한 이런 원칙이 보편적인 자연법칙이 될 수 있을까의 문제입니다. 그런데 이쯤에서 우리는 곧바로 다음과 같은 내용을 이해하게 됩니다. 생을 촉진하도록 강제하는 자연은 생을 파괴하려는 법칙과 자기모순에 빠지게 된다는 점입니다. 그러므로 그런 자연 시스템은 존속할 수 없으며, 따라서 이런 좌우명은 보편적 자연법칙으로 존재할 수 없습니다. 결과적으로 모든 의무의 최고 원리와는 완전히 어긋나고 말 것입니다.

2. 두 번째 사람은 돈을 빌려야만 하는 상황에 몰려 있습니다. 그는 빌린 돈을 갚지 못할 것을 압니다. 그렇지만 정확한 기한 내에 돈을 갚겠노라고 철석같이 약조하지 않는 한, 단돈 한 푼도 빌리지 못할 처지인 것도 압니다. 그는 제때 돈을 갚겠다는 약속을 하고 싶으나 다음과 같이 자문할 정도의 양심은 아직 있습니다. '이런 식으로 어려움에서 벗어나는 것은 법을 위반하고 의무를 저버리는 것이 아닐까?' 그럼에도 불구하고 그가 감행하기로 한다고 가정해 보지요. 그렇다면 그의 행위의 좌우명은 이렇게 표현될 것입니다. '궁해졌을 때 돈을 빌려야지. 돈을 갚겠다고 약속은 할 거야. 설사 절대 갚지 못한다는 것을 내가 알아도.' 자, 이러한 자기애의 원리, 또는 자기 이익을 추구하는 원리는 어쩌면 내 장래의 모든 안녕에 부합할지도 모릅니다. 그

러나 과연 올바른 일인지가 문제입니다. 나는 자기애의 제안을 보편적 법률로 비꾸고 그 문제를 이렇게 말해보겠습니다.
"나의 좌우명이 보편적 법률이라면 어떻게 될 것인가?"
그때 나는 그것이 결코 보편적 법률로 유효할 수 없으며 필경 자기 모순에 빠지고 말 것을 곧바로 압니다. 자기 신세가 곤궁하다고 여기는 모든 사람이 약속을 지키지 않을 것이면서 자기 마음대로 뭐든 약속할 수 있다는 것이 보편적인 법률이라고 가정해 보세요. 그러면 약속 자체가 불가능해지고 그 약속과 관련해 염두에 두고 있는 목적도 불가능해집니다. 어느 누구도 자기가 무엇이든 약조받았다고 여기지 못할 테고, 그런 약속을 공허한 핑계라고 비웃을 터입니다.

3. 세 번째 사람은 재능이 있는 사람입니다. 그는 교양도 있지요. 다방면에서 쓸모 있는 사람입니다. 그렇지만 그는 안락한 환경에 있는 자신을 보면서, 운 좋게 타고난 자신의 역량을 넓히고 계발하는 데 공을 들이기보다는 쾌락을 탐닉하기를 더 좋아합니다. 그럼에도 타고난 재능을 방치하는 자신의 좌우명이, 제멋대로 살려는 자신의 성향에 맞기는 하지만, 이른바 의무와도 맞는지 묻습니다. 비록 사람들이 (남태평양 어느 섬에 사는 사람들처럼) 자기 재능을 방치한 채 자기 인생을 나태와 오락과 종족 번식, 다시 말해 쾌락에 바치기로 결심해야만 했을지라도, 그런 자연이 어떤 보편적인 법률과 함께 여전히 존속

될 수 있을지라도, 그는 알고 있습니다. 쾌락의 탐닉이 보편적 자연법칙이 되어야 한다거나 자연적인 본능으로써 우리 안에 이식되어 있어야 한다고 바랄 수는 없다고 말이죠. 왜냐하면 그가 이성적인 존재이기 때문이며, 따라서 자신의 능력이 계발되기를 필연적으로 그가 원할 것이기 때문입니다. 그런 능력은 온갖 종류의 가능한 목적을 위해서 그를 도와줄 것이며, 그에게 이미 주어져 있기 때문이기도 합니다.

4. 네 번째 사람은 부유한 사람입니다. 그는 다른 사람들이 어마어마한 불행과 싸워야 한다는 것을 알고, 또 자신이 그들을 도울 수 있다는 것을 알지만 이렇게 생각합니다. '그게 나와 무슨 상관이랴? 모든 사람으로 하여금 하늘이 점지어 준 만큼의 행복을 누리게 하라. 혹은 스스로 돕도록 놔두라. 나는 아무것도 빼앗지 않을 것이고 누구도 부러워하지 않을 것이다. 나는 그저 가난한 사람을 돕는다거나 그들의 안녕에 뭔가를 기여하고 싶지 않을 뿐!' 자, 이런 사고 방식이 보편적 법률이 된다고 해도 인류는 아주 잘 존속할지도 모릅니다. 아닌 게 아니라 모든 사람이 동정심과 선의에 대해 말하거나, 심지어 이따금 그것을 실행하기 위해 애쓰는가 싶다가도, 다른 한편으로 기회만 생기면 남을 속이고 인간의 권리를 사고팔거나 침해하는 상태보다는 더 나을지도 모르지요. 그러나 보편적 자연법칙이 설령 그런 좌우명에 잘 어울릴 가능성이 있더라도, 그런 원리가 자연

법칙의 보편적인 타당성을 갖기를 바라기란 불가능합니다. 왜냐하면 그런 좌우명을 결심한 의지 자체가 자기모순에 빠지기 때문입니다. 많은 경우 한 사람은 다른 사람의 사랑과 동정심을 필요로 하게 되지만, 그 자신의 의지로부터 비롯되는 자연법칙으로 말미암아 그는 도움을 열망하는 모든 희망을 스스로 박탈해야 한다는 모순입니다.

이상의 내용은 수많은 실제 의무, 또는 적어도 우리가 실제적이라고 여기는 그런 의무 중 몇 가지입니다. 이런 의무는 분명하게도 우리가 정한 한 가지 원리에 근거해 두 분과로 나눕니다. 우리는 우리 행위의 좌우명이 보편적 법률이 되기를 바랄 수 있어야 합니다. 이것은 행동을 도덕적으로 감별하는 일반적인 규범이지요. 앞에서 살펴 본 어떤 행동들은 우리가 도덕적인 행위여야 한다고 바라는 자체가 가능하지 않는 특성이 있고, 그 때문에 행위의 좌우명이 보편적 자연법칙이어야 한다고 여기는 것도 가능하지 않습니다. 또 어떤 행동들은 그러한 내재적 불가능성이 나타나지는 않습니다. 그렇더라도 그 행위의 좌우명이 자연법칙의 보편성 수준까지 높여지기를 바라는 것은 여전히 불가능합니다. 왜냐하면 그때의 의지는 자기모순에 빠지기 때문입니다. 아예 도덕적인 행위가 될 수 없는 행동은 엄격하거나 단호한 (끊임없는) 의무를 위반하는 것이며, 의지가 자기 모순에 빠져서 도덕적으로 될 수 없는 행동은 엄하지 않은 (가치 있는) 의무를 어기는 것임을 쉽게 알 수 있습니다. 그러므로 모든 의무가 양심 구속의 본질적인 속성으로서 (행위의 대상으로서가 아니라) 어떻게 동일한 원리에 의존하는지 확실히 정리되었습니다.[24]

그런데 우리가 의무를 위반할 때마다 스스로를 주의 깊게 살펴보면, 우리가 실제로는 우리의 좌우명이 보편적 법률이 되어야 한다고 바라지 않는다는 것을 알게 됩니다. 그렇게 되기가 불가능하기 때문이지요. 오히려 좌우명과 반대되는 것이 보편적 법률로 남기를 바랍니다. 우리 자신을 위해서 또는 (그저 이번만은) 우리의 성향을 위해 제멋대로 예외를 떠올려보는 것입니다. 따라서 우리가 모든 경우를 한 가지 동일한 관점, 즉 이성의 관점에서 생각한다면 우리 자신의 의지에서 어떤 모순을 발견하게 됩니다. 다시 말해 어떤 원리가 보편적 법률로서 객관적으로 필연적이어야 하겠지만, 주관적으로는 보편적이기보다는 예외를 인정해야 한다는 모순입니다. 한순간은 전적으로 이성에 따르는 의지의 관점에서 우리의 행위를 고찰하다가도, 그다음에는 성향에 영향을 받은 의지의 관점에서 똑같은 행위를

---

24 칸트는 앞에서 설명한 네 가지의 의무를 살펴보기 전에 의무에 관해 공통적으로 적용할 수 있는 "네 행위의 좌우명이 네 의지에 의해 보편적인 자연법칙 되어야 할 것처럼 행동하라"라는 한 가지 명령문을 제시했다. 이 명령문이 모든 의무가 의존하는 동일한 원리라는 것이다.

다시 바라볼 때에는 사실 그 어떤 모순도 존재하지는 않습니다. 그러나 이성의 계율에 대한 성향의 반작용 때문에, 원리의 보편성은 그저 다수성으로 바뀌어 버리지요. 그렇게 이성의 객관적인 실천 원리는 주관적인 좌우명과 타협하는 것입니다. 우리가 공명정대하게 판단하는 경우 이런 절충안이 정당화될 수는 없습니다. 그래도 그것은 우리가 정언명령의 유효성을 진정으로 인정한다는 점, 그리고 (그것을 전적으로 존경하면서) 단지 몇 가지 예외를 우리 자신에게 허용해 줄 뿐이라는 점은 증명해 줍니다. 그런 예외들은 우리가 중요하게 여기지 않는 어쩔 수 없는 것들입니다.

그러므로 우리는 적어도 다음과 같은 내용은 확실히 보여주었습니다. 만약 의무가 우리의 행동에 대해 중요한 의미를 지녀야 하며 또한 진정한 입법 권한을 가져야 하는 개념이라면, 그 의무는 단지 정언명령으로만 표현될 수 있을 뿐이며, 가언명령으로는 결코 표현될 수 없다는 것입니다. 또한 매우 중요하게도, 우리는 온갖 실천적인 경우에 동일하게 적용할 수 있는 의무의 원칙(그런 것이 있다면 말입니다)을 포함하는 것이 정언명령의 내용임을 명확하고 확실하게 제시했습니다. 그렇지만 아직 우리는 그런 명령이 실제 있는지, 다른 어떤 충동도 없이 전적으로 홀로 명령을 내리는 실천 법률이 존재하는지, 그리고 이 법률을 따르는 것이 의무인지를 경험 무관하게 증명하는 정도까지 나아가지는 못했습니다.

거기에 도달할 생각이라면, 이런 원리가 어떻게 현실화될지를 사람마다 다른 인간 본성에서 추론하지는 말아야 함을 명심해야 합니다. 왜냐하면 의무는 행위의 실천적이며 무조건적인 필연성이어야 하기 때문이며, 따라서 (그것은 어쨌든 명령을 사용할 수 있는) 모든 이성적인 존재에게 적용되어야 하기 때문입니다. 이런 이성만이 모든 인간의 의지에 대해서 법률이 됩니다. 이와 달리 인류의 특별하고 자연적인 특성, 어떤 감정과 경향, 아니 가능하다면 인간 이성에 적합한 것이기는 하지만 모든 이성적인 존재의 의지에 대해서는 필연적이라고 볼 수 없는 특유한 기질에서 이끌어낸 것은, 그게 무엇이든 우리에게 개인적인 규범을 제시할 뿐이지 법률을 주지는 못합니다. 주관적인 원리인 그런 좌우명에 따라 행동하려는 경향과 성향을 우리가 지닐지도 모르지요. 그렇지만 좌우명은 우리의 모든 경향, 성향, 자연적인 기질에 반할지라도 행동의 기준으로 삼도록 명령하는 객관적인 원칙이 되지는 못합니다.

객관적인 원칙에 편을 드는 주관적인 원인들이 적으면 적을수록, 또 객관적인 원칙에 반대하는 주관적인 원인들이 많으면 많을수록, 의무 안에 있는 명령의 숭고함과 내적 존엄은 더욱 뚜렷해집니다. 보편적 법률의 양심구속이 조금이라도 약해지거나 그것의 유효성이 사소하게라도 줄어드는 일은 없습니다.

우리는 여기서 사실상 위태로운 위치에 놓인 철학을 목격합니다. 왜냐하면 철학은 천지간 어디에도 의지할 곳 하나 없을지라도 흔들림 없이 확고해야 하기 때문입니다. 철학은 자기 법률의 책임자로서 자신의 순수성을 보여줘야 합니다. 타고난 감각이나 수호자 자연 본성의 속삭임을 전하는 전령은 철학이 아닙니다. 그런 감각이나 자연 본성은 없는 것보다 낫겠지만 이성이 명하는 원리들을 줄 수는 없습니다. 이성의 원리들은 전적으로 경험과는 무관한 것에 근원을 둬야 하며, 그런 다음에야 명령하는 권위를 지닙니다. 성향으로부터 비롯되는 것이 아닌 이 권위는 최고 법률로부터 비롯되는 모든 것과 그것에 대한 당연한 존경을 기대하면서 이 최고 법률을 위반하는 사람에게는 자기를 경멸하고 스스로를 혐오하리는 형벌을 신고합니다.

절대적으로 선한 의지가 지닌 헤아릴 수 없는 진정한 가치는 바로, 행위의 원리가 경험이 독자적으로 제공할 수 있는 우발적인 근거의 영향에서 전적으로 자유롭다는 점입니다. 모든 경험적인 요소는 도덕의 원리에 전혀 도움이 될 수 없을뿐더러 도덕의 순수함에 상당한 손상을 줍니다. 경험적인 동기와 법률 사이에서 도덕의 원리를 찾겠다는 게으르고 천박한 사고 습관을 삼가라는 경고는 아무리 많이, 아무리 자주 반복해도 지나치지 않습니다. 지쳐버린 인간의 이성은 흔쾌히 이 베개에 눕기 때문이며, 달콤한 환상(이 안에서 이성은 여신 주노^{Juno} 대신에 구름을 껴안습니다[25])이 펼쳐지는 꿈속에서는 갖가지 것에서 끌어내어 얼기설기 엮은 가짜가 도덕을 대체하기 때문입니다. 이 가짜는 그 안에서 보고자 하는 어떤 것과 닮아 보이지만 진정한 모습을 한 여신 주노를 한 번이라도 본 적 있는 사람에게는 고결함으로 보이지 않습니다.^{K}

> K 칸트주석
> 진정한 모습의 고결함을 본다 함은, 감각적인 것이 온통 뒤섞인 혼합물을 떼어내고 보상과 자기애라는 가짜 장식품도 벗겨낸 후의 도덕을 응시하는 것일 뿐입니다. 개인적인 성향에서는 매력적으로 보이더라도 그 모든 것을 고결한 덕이 얼마나 무색하게 하는지 누구든지 쉽게 알 수 있습니다. 최소한의 이성을 발휘한다면, 추상화를 해내는 이성이 완전히 망가지지만은 않았다면 말입니다

문제는 바로 이것입니다.

"좌우명이 스스로 보편적 법률의 역할을 하기를 바랄 수 있을 때 모든 이성적인 존재는 그 좌우명들에 따라 항상 자신의 행

---

25 주노(Juno)는 그리스 신화의 여신 헤라. 헤라에 흑심을 품은 익시온을 시험하려고 주피터(제우스)가 구름으로 주노(헤라)의 형상을 만들었더니 익시온이 주노를 덮쳤고 그 사이에서 켄타우로스가 태어났다. 분노한 주피터는 익시온을 지옥에 떨어뜨려 영원히 멈추지 않는 수레바퀴에 매달았다.

동을 판단해야만 하는가?"

만약 그렇다면 그 법률은 이성 존재 일반의 의지라는 개념과 (완전히 경험 무관하게) 연결되어야 합니다. 그러나 이 연결성을 발견하려면, 아무리 마지못해 한다 해도 형이상학으로 한 발을 내딛어야 합니다. 비록 그것이 이론적인 철학과 구별되는 영역, 즉 도덕 형이상학 안으로 들어가는 것일지라도 말입니다. 실천철학에서 우리가 확인해야 하는 것은 일어나는 일의 원인이 아닙니다. 설령 절대 일어나지는 않더라도 반드시 일어나야만 하는 일에 관한 법률, 이를테면 객관적인 실천 법률입니다. 어째서 어떤 것은 마음에 들고 어떤 것은 마음에 들지 않는지, 쾌감은 취향과 어떻게 다른지, 그리고 취향은 이성의 일반적인 만족감과 구별되는 것인지에 대해서 따져볼 필요가 없어요. 쾌와 불쾌의 감정은 무엇에 의존하는지, 그런 감정에서 어떻게 욕망과 성향이 나오는 것이며, 또한 이런 욕망과 성향에서 어떻게 이성의 공조로 좌우명이 나오는지에 대해서도 알아볼 필요가 없습니다. 왜냐하면 이 모든 것은 경험적인 심리학에 속하기 때문입니다. 우리가 자연학에서 자연철학을 생각한다면, 경험법칙에 근거하는 한 경험 심리학은 자연학의 두 번째 부분[26]에 해당합니다. 그렇지만 여기서 우리는 객관적인 실천법칙에 대해 이야기하고 있으므로 경험적인 것은 무엇이든 배제할 필요가 있습니다. 의지가 오로지 이성에 의해 결정된다면, 의지와 이성이 서로 어떤 관계가 있는지 논의가 필요합니다. 만약 이성이 전적으로 혼자서 행동을 결정한다면 (그리고 우리가 지금 알아보고 있는 것이 이런 가능성입니다) 당연히 경험 무관하게 그리해야 합니다.

의지란 법률에 따라 자신의 행동을 결정하는 능력으로 이해됩니다. 이런 능력은 오직 이성적인 존재에게만 발견될 수 있지요. 의지가 자기 행동을 스스로 정하는 능력의 객관적인 근거가 되도록 돕는 것이 있습니다. 그것이 목적입니다. 만약 목적이 오직 이성에 의해서 정해지는 것이라면 그 목적은 모든 이성적인 존재에 적용되어야만 합니다. 이와 달리, 목적을 이루려는 행위 중에서 어떤 행위가 필요한지를 뒷받침하는 근거만을 포함하는 것을 수단이라 부릅니다. 욕망의 주관적인 근거는 충동적인 동인이라 하고, 의지력의 객관적인 근거는 동기라고 합

---

26 칸트는 이 책의 서문에서 자연학(자연철학)과 윤리학(도덕철학)은 이성적인 부분과 경험적인 부분으로 나뉜다고 설명했다. 첫 번째 부분이 다른 말로 형이상학이고, 두 번째 부분이 경험적인 부분이 된다.

니다. 충동적인 동인에 기대는 주관적인 목적과 모든 이성적인 존재에 유효한 동기에 의지하는 객관적인 목적은 서로 다른 것입니다.

행동에 관한 원칙에서 모든 주관적인 목적을 빼내면 그 원칙들은 형식이 됩니다. 반면 행동에 관한 원칙에서 주관적인 목적을 취한다면 그것은 내용이 됩니다. 결과적으로 내용에 관한 원칙은 행위의 충동적인 동인입니다. 이성적인 존재가 자기 행동의 결과로서 자기 자신에게 기꺼이 제시하는 목적(재료 목적)은 전부 상대적일 뿐입니다. 왜냐하면 그런 목적은 가치를 부여하는 주체의 특정한 욕망과 관련될 뿐이기 때문입니다. 그러므로 모든 이성적인 존재와 모든 바라는 마음에 보편적이며 반드시 필요한 원칙, 요컨대 실천 법률을 제공할 수는 없습니다. 따라서 이 모든 상대적인 목적은 오직 가언명령만을 거들 뿐입니다.

그 자체로 절대적인 가치를 지닌 존재가 있어, 그 존재가 목적 그 자체가 되고 또한 확정법률들의 근원이 될 수도 있다면 어떨까요? 그렇다면 절대적인 가치를 지닌 존재 안에서 그리고 오직 그 존재만이 정언명령의 근원, 즉 실천 법률의 근원으로 자리매김할 터입니다.

나는 이제 말합니다.
인간, 그리고 모든 이성적인 존재 일반은 스스로 목적으로서 존재합니다.

이성적인 존재는 이런저런 의지에 따라 임의대로 사용되는 수단으로 존재하는 게 아닙니다. 또한 자신의 행동이 자신과 관련되든 다른 이성적인 존재와 관련되든 이성적인 존재는 언제나 목적으로 여겨져야 합니다. 성향의 모든 대상은 그저 조건부 가치를 지닐 뿐입니다. 왜냐하면 성향과 그것에 근거를 둔 욕구가 존재하지 않는 그런 조건이라면, 그 성향의 대상도 가치가 없어지기 때문입니다. 성향은 그 자체가 욕구의 근원이 됩니다. 성향이 그 욕망함의 절대적인 가치를 지니기는커녕 차라리 반대로 그 성향에서 완전히 벗어나는 것이 모든 이성적인 존재의 보편적 바람이 되어야 합니다. 이와 같이 우리 행위로 얻어낼 수 있는 어떤 대상의 가치라는 것은 언제나 조건적입니다.

만약 비이성적인 존재가 있어 단지 수단으로서 그저 상대적인 가치만 지닌다면, 존재함은 우리 의지가 아니라 자연의 의지에 의존하게 되고, 그러므로 사물^{things}이라 칭합니다. 그와 달리 이성적인 존재는 인격^{persons}이라 칭하는데, 그 본성 스스로 자신이 목적임을 알려주기 때문입니다. 즉, 그저 수단으로 쓰여서는 안 된다는 것이며, 그렇기 때문에 온갖 자의적인 행위를 제한하는 것입니다(그리고 존경의 대상이 됩니다). 그러므로 인격은 우리 행위의 결과로서 가치를 지니는 그저 주관적인 목석이 아닙니다. 존재 자체가 목적인 객관적인 목적입니다. 더더욱 그 목적은 단지 수단으로서 보조해야 할 뿐인 다른 것으로는 대체될 수 없지요. 그렇지 않다면 그 무엇이든 절대적인 가치를 지니지 못할 터입니다. 만약 모든 가치가 조건적이라면 그래서 우발적인 것이라면, 이성의 최고 실천 원리는 어디에서든 만날 수 없습니다.

그러면 최고의 실천 원리가 있다거나, 혹은 인간 의지에 관한 정언명령이 있다고 가정해 보지요. 그것은 그 자체로 목적인 까닭에 모든 사람에게 필연적으로 목적이 된다는 개념으로부터 의지의 객관적인 원리를 만들어야 하고, 보편적인 실천 법률로서 역할을 할 수 있어야 합니다. 이 원리의 근거는 이러합니다. "이성은 그 자체가 목적으로 존재한다."
인간은 필연적으로 스스로를 목적으로 생각합니다. 그렇게 생각하는 한, 이는 인간 행위의 주관적인 원리입니다. 그러나 모든 이성적인 존재는 스스로를 동일하게 목적으로 여깁니다. 나한테도 적용되는 똑같은 이성적인 원리에 근거해서 말이지요. 그래서 그 원리는 동시에 객관적인 원리입니다. 최고의 실천 법률로서 모든 의지의 법률은 그 객관적인 원리에서 도출될 수 있어야 합니다. 따라서 실천적인 명령은 이러합니다. "네 인격이든 타인의 인격이든 그 안의 인류를 수단으로 삼지 말 것이며 언제나 목적으로 대하도록 행동하라". 이제 우리는 이것이 과연 실행될 수 있는지 알아보겠습니다.

> ㄴ 칸트주석
> 나는 여기서 이 명제를 하나의 자명한 가정으로 제시합니다. 그 근거는 마지막 장에서 확인하게 될 것입니다.

이제 앞에서 살펴본 사례로 다시 돌아가 보지요.

첫째, 자기 자신에 대한 필연적인 의무에 관합니다. 자살을 계획하는 사람은 그 자체로 목적이 되어야 한다는 인류의 이성 개념에 과연 자신의 행위가 부합될 수 있는지 스스로에게 물어봐야 합니다. 만약 그가 고통스러운 상황에서 도망가기 위해 스스로를 파괴한다면, 그는 생을 마감할 때까지 견딜 만한 상태를 유지하기 위한 수단으로서만 자신의 인격을 사용한 것입니다. 그러나 인간은 물건이 아닙니다. 다시 말해 한낱 수단으로 사용될 수 있는 무언가가 아닙니다. 인간은 어떤 행위를 하든지 항상 목적 그 자체로 여겨져야 하지요. 그러므로 나는 어떤 식으로든 내 인격 안에 있는 인간을 불구로 만들거나 해치거나 죽여서 폐기할 수는 없습니다. (모든 오해를 막아보겠다는 목적으로 이런 원리를 더욱 정밀하게 정의하려는 것은 전적으로 도덕에 속하기는 합니다. 예를 들어 목숨을 보전하려고 사지를 자르는 것, 목숨을 보전하겠다며 내 인생을 위험에 처하게 하는 것 등이 그러합니다. 그러나 이 문제는 여기에서는 생략합니다.)

둘째, 타인에 대한 필연적인 의무이거나 혹은 엄격한 양심의 구속에 관합니다. 타인에게 거짓 약속을 할 작정인 그는 자신이 상대방을 그저 수단으로 이용하고 있음을 단번에 알 것입니다. 상대방도 동시에 목적으로 포함됨에도 그는 상대방을 생각하지 않는 것입니다. 나 자신의 목적을 위해 그런 거짓 약속을 타인에게 말한다면, 그는 자신을 대하는 내 행위 방식에 찬성할 리 만무하며, 따라서 타인이 이런 행위의 목적으로 포함될 수는 없습니다. 만약 우리가 타인의 재산과 자유를 공격하는 사례를 본다면, 타인에게도 있는 인간다움의 원칙을 침해한다는 점이 매우 자명합니다. 인간의 권리를 범하는 사람은 타인의 인격을 그저 수단으로서 이용하려 드는 게 분명하기 때문입니다. 타인은 항상 목적으로 존중되어야 하는 이성적 존재임을 생각하지 않는 것인데, 즉 인간이란 똑같은 행위의 목적이 될 수 있어야 하는 존재임이 안중에도 없습니다.[M]

> M 칸트주석
> 그 흔한 〈남이 네게 하기를 바라지 않는 일을 남에게 하지 말라 quod tibi non vis fieri〉 등등의 생각을 여기서 규칙이나 원리로 삼지 말기로 합시다. 그 생각은, 몇몇 제약이 있음에도 불구하고 이성적인 존재는 목적이어야 한다는 원리에서 도출된 것에 불과한 것인데, 이렇게 다른 원리에서 제한적으로 도출된 것이 보편적인 법률일 수는 없지요. 자기 자

신에 대한 의무의 원리도, 타인에게 자선을 베푸는 의무의 원리도 포함하지 않기 때문이기도 하며(자신이 다른 사람에게 자비심을 보여야 하는 의무에서 벗어나도 된다고 가정할 때, 다른 사람도 그런 이에게 도움을 주지 않아도 된다는 것에 흔쾌히 동의할 사람이 많습니다), 또한 결국 서로에 대한 엄격한 강제 의무의 원리도 담고 있지 않기 때문이기도 합니다. 이 원리를 근거 삼아 범죄자가 자신을 재판하는 재판관에게 변론하는 일이 생길지도 모릅니다.

셋째, 자기 자신에 대한 우연적인(칭찬할 만한) 의무에 관한 것입니다. 목적 그 자체인 우리 인격 안에 있는 인류를 행위가 침해하지 않는 것으로는 부족합니다. 행위는 또한 인간다움과 조화를 이루어야 합니다. 인류는 더욱 완전함에 이를 수 있는 수용 능력이 있습니다. 이러한 수용 능력은 주체인 우리 자신 안에 있는 인류에 관한 자연의 목적에 포함돼 있지요. 이것을 외면함은 아마도 목적 그 자체인 인류를 보존하는 일에는 모순되지 않을지 모릅니다. 그러나 이 목적을 향상시키는 일에는 맞지 않습니다.

넷째, 타인에 대한 칭찬할 만한 의무에 관합니다. 모든 인간이 지니는 당연한 목적은 자기 자신의 행복이지요. 설령 누구도 타인의 행복에 아무런 기여를 하지 않을지언정 인간다움은 참으로 존재해서 그 인간다움이 타인의 행복에서 무엇이든 의도적으로 빼앗지는 못하게 합니다. 그렇지만 모두가 저마다 다른 사람들의 목적을 위해 자기 능력껏 힘쓰지 않는다면, 타인의 행복을 빼앗지 않는 것만으로는 목적 그 자체인 인류와 그저 소극적으로만 어울릴 뿐이지 적극적으로 어울리는 것은 아닙니다. 누구든지 타인의 그런 내적인 목적은 가능한 한 나의 목적도 돼야 하기 때문입니다. 만약 이 개념이 내게 전적으로 영향을 미친다면 말입니다.

이러한 원리, 즉 인간다움과 이성 일반이 그 자체로 목적이라는 원칙(모든 사람들의 행위의 자유를 제한하는 최고의 조건)은 경험에서 빌려온 게 아닙니다. 첫째, 그 원리가 보편적이기 때문입니다. 누구든지 모든 이성에 적용되는 원리이며, 경험은 이러한 원리에 관해 어떤 것도 규정할 수 없습니다. 둘째, 이 원리는 사람들 스스로 목적으로 실제 선택한 대상으로서 (주관적으로) 인간다움을 나타내는 것이 아니라, 객관적인 목적만을 나타내기 때문입니다. 우리가 어떤 목적을 품고 있든 그 객관적인 목적은 하나의 법률로서 우리의 온갖 주관적인 목적에 대한 최고의 제한 조건이어야 합니다. 그러므로 그것은 순수 이성에서 비롯돼 나와야 합니다.

실제로 모든 실천 입법practical legislation의 기초는 (제1 원리[27]에 따라서) 객관적인 규칙으로 만들어지며, 그리고 그 규칙이란 법률(말하자면 자연법칙)이 될 수 있게 만드는 보편성의 형식으로 이루어집니다. 그러나 주관적으로는 그 목적 안에 위치하지요. 이제 (제2 원리[28]에 따라서) 모든 목적의 주체는 목적 그 자체인 이성적인 존재입니다. 그러므로 이제 의지의 제3의 실천 원리가 뒤따릅니다. 그것은 보편적인 실천 이성과 조화를 이루는 최상의 조건입니다. 즉, 모든 이성적인 존재의 의지가 곧 보편적인 법을 만드는 입법 의지라는 관념입니다.

이 원리에 따라 그 자체로 보편적인 입법이 되는 의지와 일치하지 않는 모든 좌우명은 거부됩니다. 이리하여 의지는 법의 적용을 단순히 받는 게 아니라, 스스로 그 법을 만드는 존재로 간주돼야 하는 방식으로 법의 적용을 받는 것이며, 바로 이런 이유만으로 의지는 법에 종속됩니다(의지는 스스로 법률의 입안자authour로 간주될 수 있습니다).

---

27 어떤 행동을 할 것인지에 관한 네 개인적인 규범(좌우명)이 동시에 보편적인 법률이 되도록 네가 의욕할 수 있는 규범에 따라서만 행동하라는 원칙.

28 네 인격이든 타인의 인격이든 그 안의 인류를 수단으로 삼지 말 것이며 언제나 목적으로 대하도록 행동하라는 원칙.

앞에서 설명한 명령들은 이랬습니다. 그것은 자연의 질서처럼 보편적인 목적에 대해서 행위가 복종한다는 개념에 근거한 것이었습니다. 또한 그 자체로 목적인 이성적인 존재의 보편적인 특권에 기초했습니다. 이들 명령의 권위에 행위를 일으키는 어떤 충동적인 관심이 일체 뒤섞이지 않게 했습니다. 명령들은 무조건적인 것으로 이해되기 때문입니다. 그런데 명령이 무조건적이라는 것은 단지 가정되었을 뿐입니다. 그런 가정이 의무 개념을 설명하는 데 필요한 까닭이었습니다. 그러나 우리는 무조건적으로 명령하는 실천 명제가 실제로 있음을 별도로 증명할 수는 없었습니다. 또한 여기에서도 증명될 수는 없습니다. 하지만 한 가지는 할 수 있었습니다. 말하자면 어떤 확정적인 표현을 통해서, 명령문 그 자체에서, 의무로부터 비롯되는 의지력에서 모든 주관적인 관심이 부인됨을 보여줄 수는 있었습니다. 그리고 그것이 정언명령을 가언명령과 구별되도록 하는 명확한 기준입니다. 이는 지금 논의하는 원리의 (제3의) 표현 형식에서 이루어집니다. 즉, 모든 이성적인 존재의 의지는 보편적 법률을 만드는 입법 의지라는 관념입니다.

법의 적용을 받는 의지가 혹시 어떤 주관적인 관심 때문에 이 법률에 묶여 있을지도 모릅니다만, 의지가 그런 관심에 의존하는 것이 도무지 가능하지 않다면, 그 의지 자체로 최고의 입법자입니다. 만약 의지가 그렇게 주관적인 관심에 의존하는 것이라면 여전히 또 다른 법률이 필요하기 때문입니다. 보편적인 법률로서 타당해야 하는 조건으로 자기애에서 비롯되는 관심을 제한하는 그런 법률 말입니다.

이렇게 해서 모든 인간의 의지는 자신의 모든 좌우명을 통해 보편적인 법률을 수립하려는 의지라는 원리[N]가 어쨌든 옳다고 가정해 보지요. 그렇기만 하다면 정언명령에 매우 적합해질 것 같습니다. 말하자면 정언명령은 보편적인 입법행위라는 바로 그 관념 때문에 어떤 개인적인 관심에도 바탕을 두지 않습니다. 따라서 모든 가능한 명령 중에서 오직 정언명령만이 무조건적이게 됩니다. 또는 저 명제를 바꿔 본다면 훨씬 좋습니다. 만약 정언명령(즉, 모든 이성적인 존재의 의지에 관한 법률)이 존재한다면, 그것은 단지 이렇게 명령할 뿐입니다. 모든 것은 자기 의지의 좌우명에서 행해져야 하며, 그 의지는 그 자체가 동시에 보편적인 법률의 입법자로서의 의지로 여겨질 것이라는 명령입니다. 그런 경우에만 실천적인 원리와 의지가 복종하는 명령이 무조건적이 되며, 그런 무조건적인 명령은 어떤 개인적인 관심에도 바탕을 둘 수 없기 때문입니다.

N 칸트주석
나는 이 원리를 설명하기 위해 굳이 예를 들지 않아도 될 것 같습니다. 이미 정언명령과 그것의 정형화된 표현 문구를 설명하는 데 썼던 예들이 여기서 전부 같은 목적으로 쓰일 수 있기 때문입니다.

도덕의 원리를 찾으려고 했던 이전의 모든 시도를 이제와 돌이켜 보면, 어째서 모두 실패하고 말았는지 그 이유를 명확히 알 수 있습니다. 인간이 의무의 법칙에 묶여 있음은 확인했겠지요 그러나 인간에게 적용되는 법률이란 설령 그것이 동시에 보편적이라고는 해도 그저 인간 스스로 만든 법이라는 점, 인간은 단지 그 자신의 의지에 복종하여 행동하도록 묶여 있다는 점, 그런데 그 의지가 자연의 목적에 따라 보편적인 법률을 만들어 내는 의지라는 점을 살펴보지 못했던 것입니다. 왜냐하면 어떤 하나의 법률(그것이 무엇이든)에 적용받는다고 누군가 생각하는 경우에, 이런 법률은 끌림이건 속박이건 이 중 어느 하나에 따르는 관심이 필요했으리라 생각했기 때문입니다. 인간 자신의 의지에서 법이 비롯된다는 것을 몰랐으며, 단지 의지는 어떤 방식으로든 어떤 행동을 해야 한다고 강요하는 법을 따를 뿐이라고 생각했던 것입니다. 그 결과 필연적으로 의무의 최고 원리를 찾느라 쏟은 모든 수고가 종국에는 물거품이 되고 말았습니다. 어떤 주관적인 관심으로부터는 무슨 행동이 필요한지를 이끌어낼 뿐이지 결코 의무를 도출하지는 못합니다. 이런 관심이 내 것이건 남의 것이건 어떤 경우에든 명령은 조건적이어야 했지요. 결코 도덕 명령이 될 수는 없었습니다. 그래서 나는 도덕의 원리를 의지의 자율성의 원리라고 부르겠습니다. 내가 타율성으로 생각하는 다른 모든 것과는 뚜렷이 구별됩니다.

의지 그 자체는 그 의지의 모든 좌우명을 통해 보편적인 법률을 스스로에게 부여하는 것임을 생각해야 합니다. 그래서 이런 관점으로 의지 자체와 그 행위를 판단하는 것입니다. 이렇게 생각하는 모든 이성적인 존재 한 사람 한 사람의 의지라는 개념은 그 개념에 의존하는 또 다른 개념을 낳습니다. 매우 유용한 개념입니다. 바로 목적의 왕국 a kingdom of ends입니다.

왕국, 나는 이것을 공통 법률을 통한 서로 다른 이성적인 존재의 체계적인 결합이라고 이해합니다. 이 나라에서는 법률에 의해 보편타당성을 지니는 것들이 목적으로 정해집니다. 그래서 만약 우리가 이성적인 존재 개개인의 차이와 각자의 사사로운 목적의 내용을 배제한다면, 모든 목적이 체계적인 통일체로 결합되는 것을 생각할 수 있겠습니다(이 통일체는 그들 자신이 목적이 되는 이성적인 존재와, 또한 각자 스스로에게 제안하는 특수한 목적을 모두 포함합니다). 다시 말하면 우리는 목적의 왕국을 상정할 수 있으며, 그것은 앞에서 설명한 원리들에 기초해서 가능해집니다.

왜냐하면 모든 이성적인 존재는 법의 지배를 받기 때문입니다. 그리고 그 법이란 이성적인 존재들이 서로를 자기 자신처럼 다뤄야 하고, 결코 서로를 수단으로 다뤄서는 아니 되며, 어떤 경우에도 그들 자신을 동시에 목적으로 대우해야 한다는 것입니다. 그 결과 공통된 법률에 의한 이성적인 존재의 체계적인 결합이라는 왕국이 탄생합니다. 확실히 이상적이긴 합니다만, 이 왕국의 법률들은 서로가 목적이자 수단인 이성적인 존재들의 관계를 목표로 하므로, 이른바 '목적의 왕국'이라 일컬어질 수 있습니다.

이성적인 존재 그 자신이 보편적인 법률의 적용을 받는 사람이라면 이 왕국의 시민[member]입니다. 그가 자기 안에서 보편적인 법률을 만드는 사람일지라도 그러합니다. 반면 보편적인 법률을 만드는 사람이면서 다른 사람들의 의지로부터 자유로운 사람이라면 이 왕국의 통치자[sovereign]입니다.

목적의 왕국에서는 시민이건 통치자건 의지의 자유가 있으므로 이성적인 존재는 언제나 스스로를 입법자로 여겨야 합니다. 통치자가 되려면 온전히 독립적인 존재여야 하며 욕망이 아닌 자기 의지에 따라 자유로운 힘을 지닌 존재여야 합니다. 그저 개인적인 규범만을 따르는 의지로는 통치자의 지위를 얻지 못합니다.

도덕이란 목적의 왕국을 가능하게 하는 입법에 대한 행동의 관계입니다. 모든 이성적인 존재 안에서 법률이 만들어질 수 있어야 하며, 각자의 의지에 의해 그 입법이 제출될 수 있어야 합니다. 그러므로 의지의 원리는 이런 것입니다.

"보편 법률에 모순되는 어떤 좌우명에 따라서도 행동하지 말 것이며, 따라서 의지 그 자체가 자기 좌우명이면서 동시에 보편적인 입법자가 되는 것처럼 항상 그렇게 행동하라."

이성적인 존재의 좌우명은 사람마다 다르며 이런 객관적인 원리와 당연히 일치하지 않을 수도 있습니다. 그 경우 우리 이성적인 존재는 보편적인 입법자로서 위와 같은 원리에 맞게 행동해야 하는 필연성이 생기는데 그것을 실천적 불가피성이라 부릅니다. 그것이 곧 의무입니다. 목적의 나라에서 의무는 통치자에게는 적용되지 않지요.[29] 그렇지만 모든 시민에게는 동일하게 적용됩니다.

의무, 즉 이런 원리에 따라 행해야 하는 행동의 필연성은 감정, 충동 혹은 성향에는 전혀 의존하지 않습니다. 오직 이성적인 존재들의 상호 관계에 의존합니다. 그 관계에서는 모든 이성적인 존재의 의지가 언제나 보편적인 입법자로 여겨집니다. 그렇지 않다면 이성적인 존재는 목적 그 자체로 이해될 수 없기 때문입니다. 그때 이성은 의지의 모든 좌우명이 보편적으로 제정되었다고 간주하면서 그 좌우명이 다른 모든 의지와 자기 자신

---

29 통치자는 자기 의지에 의해 저절로 보편법에 맞게 선하게 행동할 것이므로

의 모든 행위에 적용토록 합니다. 이성이 이렇게 하는 것은 어떤 다른 실천적인 동기라거나 다른 미래의 이익 때문이 아닙니다. 그것은 이성적인 존재의 존엄^{dignity}이라는 관념에서 비롯됩니다. 그 사람은 다른 법률에 복종하지 않고 스스로 제정한 법률에 복종하는 것입니다.

목적의 왕국에서는 모든 것이 가격을 지니거나 또는 존엄을 지닙니다. 가격을 지닌 것은 무엇이든지 동등한 가치를 지닌 다른 것으로 대체될 수 있지요. 반면 가격을 초월한 모든 것은 그것이 무엇이든지 등가물을 허용하지 않고 존엄을 지닙니다.

인류의 일반적인 성향과 욕구에 관한 것은 무엇이든지 시장 가격을 지닙니다. 욕구와는 상관없이 취향에나 따르는 것은 기호 가격을 지닙니다. 그것은 우리 인간이 지니는 능력 중에서 그저 별 목적 없는 유희를 만족시키는 것입니다. 그런데 어떤 것이 그 자체로 홀로 목적이 될 수 있다는 조건을 이룬다면 그저 상대적인 값어치, 즉 가격을 지니는 게 아닙니다. 고유한 가치, 즉 존엄을 지닙니다.

도덕은 이성적인 존재가 그 자체로 오직 목적이 될 수 있도록 하는 조건입니다. 도덕만이 목적의 왕국에서 이성적인 존재가 법률을 제정하는 입법의원$^{legislating\ member}$이 되게 합니다. 따라서 도덕만이 홀로 존엄을 지닙니다. 도덕을 실천해 내는 인류도 마찬가지로 존엄을 지닙니다. 노동의 기술과 근면성은 시장 가격을 지닙니다. 위트와 생기 넘치는 상상력과 유머는 기호 가격을 지닙니다. 반면 약속에 대한 충실한 이행과 (타고난 천성이 아니라) 원칙에 따른 친절함은 고유 가치를 지닙니다. 자연이건 기술이건 이들을 대체할 수는 없지요. 왜냐하면 이들의 가치는 그 결과에서 나오는 것이 아니요, 그로 인해서 얻어지는 유용함이나 이득에서 나오는 것도 아니기 때문입니다. 설령 자기가 원하는 결과를 얻지 못하더라도, 마음에서 그리 하려는 이끌림, 즉 그들로 하여금 그런 행위를 기꺼이 하도록 하는 의지의 좌우명이 고유 가치를 이루어내기 때문입니다. 이러한 행동들은 또한 즉각적인 호의나 만족을 보이는 어떤 주관적인 취향이나 정서의 추천장도 필요하지 않습니다. 사람들에 대한 당장의 편애나 감정도 필요하지 않지요. 그 행동을 하는 의지 자체가 당연한 존경의 대상임을 보여주는 것이며, 오직 이성만이 의지에 그런 행위들을 의무로 부과하는 것입니다. 이성은 의지를 꼬드겨서 그런 행위를 하라고 하지 않습니다. 의무가 있는 곳에서 아첨은 자기모순입니다. 이러한 판단작업은 우리에게 다음과 같이 알려줍니다. 그런 마음의 이끌림이 지니는 가치가 존엄이라는 점, 존엄은 모든 가치를 한없이 초월한다는 점, 존엄은 잠시라도 비교나 경쟁 안으로 끌어들일 수 없다는 점, 비교나 경쟁은 말하자면 존엄의 신성함을 훼손한다는 점입니다.

그렇다면 무엇이 이토록 당당하게 덕행이나 도덕적으로 선한 마음가짐을 정당화하는 것일까요?

덕행이나 선한 마음가짐이 이성적인 존재에게 보편적인 법률을 만드는 입법과정에 참여할 수 있는 특권을 부여했기 때문입니다. 이리하여 그는 목적의 왕국에 참여하는 시민의 자격을 얻습니다. 이는 이성적인 존재가 스스로 목적이 되는 존재라는 자신의 타고난 본성에 의해 숙명적으로 예정된 특권입니다. 그 까닭에 목적의 왕국에서 입법활동을 하는 것입니다. 모든 자연법칙과 무관하며 오직 그 자신이 수립한 법률에 복종할 뿐이며 그러므로 이성적인 존재의 좌우명은 보편 법률 체계에 속하게 됩니다. 동시에 자기가 자기 자신에게 순종하는 것입니다. 법률이 부여한 가치를 제외해서는 그 무엇도 가치가 없습니다. 따라서 법률을 만드는 것 자체가 존엄을 지닙니다. 이 존엄은 무조건적이며 비교 불가능한 가치입니다. 그리고 존엄에 대해 이성적인 존재가 가져야만 하는 경탄하는 마음의 표현이 바로 존경 respect 이라는 단어입니다. 또한 자율성이 인간과 모든 이성의 존엄의 근거가 됩니다.

앞에서 제시된 도덕의 원리에는 세 가지 양상[30]이 있었습니다. 이들 양상은 실제로는 동일한 법률을 단지 여러 정형화된 문구로 표현하는 것이며, 한 가지가 그 자체로 다른 두 가지를 통합합니다. 이들 원리 사이에는 차이가 있기는 한데, 그 차이는 객관적인 행동에 관한 차이라기보다는 주관적인 것입니다. 즉, 이성이라는 관념을 (어떤 닮은 관계에 따라) 점점 직관에 가깝게 하고, 또한 이를 통해 감정에 더 가깝게 이끌도록 하는 문구의 차이입니다. 실제 모든 좌우명은 다음 요소들을 갖습니다.

1, 형식, 즉 보편성입니다. 여기에서 도덕 명령의 정형화된 문구가 나옵니다. "마치 보편적인 자연법칙처럼 적용될 것 같은 좌우명을 선택해야 한다."

2. 내용, 즉 목적입니다. 여기에서 정형화된 문구는 이렇게 말합니다. "이성적인 존재는 자신의 본성에 의해 스스로 목적이 되는 존재이므로, 이러한 목적으로서의 이성적인 존재가 모든 좌우명마다 상대적이며 임의적인 것에 그치는 온갖 다른 목적

---

30 보편적인 법률 일반에 관한 표현 형식, 인간은 그 자체가 목적이 되어야 한다는 명제, 이성적인 존재는 보편 법률의 입법자이기도 하다는 자율성의 명제를 말하는 것으로 보인다. 칸트는 바로 아래에서 각각 형식, 내용, 완벽한 확정으로 정리하고 있다.

을 제한하는 조건이 되어야 한다."

3. 완벽한 확정. 다음의 표현 문구에 의한 모든 좌우명의 완벽한 확정입니다. "이성적인 존재 스스로 법률을 만드는 것이므로 모든 좌우명은 자연의 왕국처럼 목적의 왕국과 조화를 이뤄야 한다."⁰

> ○ 칸트주석
> 목적론Teleology은 자연을 목적의 왕국으로 보고, 윤리학은 가능한 목적의 왕국을 자연의 왕국으로 봅니다. 목적론에서 말하는 목적의 왕국은 실제로 무엇이 존재하는지를 설명하는 이론적인 생각입니다. 윤리학에서 말하는 목적의 왕국은 아직 실현되지는 않았지만 이런 이성 개념에 따라 행동하면 실현될 수 있는 그 무언가를 이끌어내는 실천적인 생각입니다.

여기에서 여러 범주들이 순서대로 진행됩니다. 의지 형식의 하나(보편성)라는 범주, 내용의 복수성(대상, 즉 목적들)이라는 범주, 그리고 이들 시스템의 전체라는 범주입니다. 행동에 대해 우리가 도덕적으로 판단할 때에는, 항상 엄격한 방법으로 처리하되 또한 정언명령의 보편적인 표현 형식에서 시작하는 것이 더욱 좋습니다.

"동시에 그 자체가 보편 법률이 될 수 있는 그런 좌우명에 따라 행동하라."

그런데 만약 우리가 도덕 법률의 입구를 열고자 한다면, 동일한 행동을 저 세 가지 특별한 개념으로 살펴보십시오. 매우 유용합니다. 행동을 더욱 직관적으로 살펴볼 수 있게 해줍니다.

이제 우리는 우리가 논의를 시작했던 지점, 즉 무조건적으로 선한 의지의 개념에서 논의를 마무리할 수 있습니다.[31] 그 의지는 절대적으로 선한 의지이며 사악해질 수 없는 의지입니다. 다시 말해 보편적인 법률이 만들어졌다면 그 의지의 좌우명은 스스로 보편 법률과 모순되지 않는다는 말씀입니다. 그때 다음 원리는 최고의 법률이 됩니다.

"보편적인 법률이 되도록 네가 동시에 바랄 수 있는 그런 의지의 좌우명에 따라 항상 행동하라."

이것은 의지가 결코 자기모순을 일으킬 수 없는 유일한 조건입니다. 또 그런 명령이 정언명령입니다. 어떤 가능한 행위에 대해 보편 법률로서 의지가 지니는 타당성은, 자연 일반의 형식인 보편 법칙에 합당한 사물들의 보편적인 연결과 닮았습니다. 그러므로 정언명령은 또한 다음과 같이 표현될 수 있습니다.

---

31 1장의 첫 문장은, "이 세상에서 그 어떤 것도 선한 의지만큼 무조건적으로 선하다고 불릴 만한 것이 없습니다"였다.

"동시에 보편적인 자연법칙이 될 수 있는 좌우명들에 따라 행동하라."

바로 이것이 절대적으로 선한 의지가 나타내는 정형화된 문구입니다.

이렇게 하여 이성은 인간의 나머지 본성과 구별됩니다. 이성은 스스로를 목적으로 내세웁니다. 이러한 목적은 모든 선한 의지의 재료입니다. 다만 (이런저런 목적을 달성하겠다는) 조건에 의해 제한됨 없이 절대적으로 선한 의지라는 관념 때문에 우리는 모든 목적에서 기대되는 결과를 철저하게 배제해야 합니다(왜냐하면 기대되는 결과는 모든 의지를 단지 상대적으로 선한 것으로 만들어 버리기 때문입니다). 따라서 여기에서 말하는 목적은 결과로서의 목적이 아닌 그 자체로 독립적으로 존재하는 목적으로 이해돼야 하지요. 결국 그것은 단지 소극적인 의미입니다. 즉, 우리는 그런 목적에 어긋나게 행동해서는 안 된다는 말입니다. 따라서 존경받아야 할 모든 의지력은 단순히 수단으로 여겨서는 안 되며, 마찬가지로 목적으로 간주돼야 합니다. 이제 이 목적은 모든 가능한 목적들 자신이며, 다른 주체일 수는 없습니다. 그 스스로가 절대적으로 선한 의지의 주체인 까닭이며, 절대적으로 선한 의지가 여타의 목적 뒤에 놓인다면 모순을 피할 수 없기 때문입니다.

"모든 이성적인 존재(당신 자신과 타인들)가 그 자체로 목적이 되도록 하는 좌우명에 따라 그들에게 행동하라."

이 원리는 본질적으로 다음 문장과 동일합니다.

"모든 이성적인 존재에 대해 동시에 보편적으로 타당함을 포함한 좌우명에 따라 행동하라."

모든 목적에 대해 수단을 사용할 때, 나는 모든 주체에 대해 법으로서 유효하게 적용할 수 있는 조건으로 내 좌우명을 제한해야 하기 때문입니다. 이는 행동에 관한 모든 좌우명의 기본원리가 모든 목적의 주체, 즉 이성적인 존재 그 자신이 단지 수단으로 쓰여서는 결코 안 된다는 것과 동일한 의미입니다.

이는 모든 수단 사용을 억누르는 최상위 조건이기도 합니다. 어떤 경우에도, 모든 목적에 대해서도 마찬가지입니다.

그렇다면 논란의 여지없이 이성적인 존재에게 적용되는 법률이 무엇이든지 그 사람 자신이 목적이 되며, 또한 그 자신이 동일한 법률을 보편적으로 제정하는 존재로 여길 수 있어야만 합니다. 이처럼 좌우명을 보편적인 입법에 알맞게 맞춤으로써, 그와, 목적으로서의 그를, 구별해 줍니다. 또한 이는 인간의 존엄

(특권)이 모든 단순한 물질 존재 위에 있음을 의미해줍니다. 인간은 자기 자신과 마찬가지로 모든 이성적인 존재를 입법자(그래서 그들을 '인격'이라 칭합니다)로 간주해야 한다는 관점에서 항상 자신의 좌우명을 선택해야 합니다. 이런 방법으로 이성적인 존재의 세계(mundus intelligibilis[32])가 목적의 왕국으로 가능해집니다. 그리고 입법활동 덕분에 모든 인격으로 하여금 이 왕국의 시민이 되게 하는 것입니다. 따라서 모든 이성적인 존재는 마치 저 보편적인 목적의 왕국에서 모든 경우에 자기 자신이 입법의원인 것처럼 자기 좌우명을 통해 그렇게 행동해야 합니다. 그런 좌우명의 형식 원리는 이러합니다.

"네 좌우명이 (모든 이성적인 존재에 대해) 보편 법률과 같은 것처럼 그렇게 행동하라."

그러므로 이렇게 가능해진 목적의 왕국은 자연의 왕국과 유사한 관계를 갖습니다. 목적의 왕국은 자기 스스로 부과한 규범인 좌우명에 의해서만 가능해지며, 반면 자연의 왕국은 외부로부터의 필연적인 작용원인의 법칙에 의해서만 가능해지지요. 그럼에도 불구하고 자연계는 기계처럼 보일지라도 목적이 되는 이성적인 존재에 관한다는 이유로 자연의 왕국이라는 이름이

---

32   intelligible world: 지적인 세계

주어집니다. 이제 그런 목적의 나라는 정언명령이 모든 이성적인 존재에게 지시하는 규범에 따르는 좌우명을 통해 실제로 구현될 것입니다. 이성적인 존재들이 그 규범을 보편적으로 따른다면 말입니다.

그런데 어느 한 이성적인 존재가 이런 좌우명을 스스로 철저하게 따르더라도 모든 다른 이성적인 존재가 동일하게 따를 것이라고 기대할 수는 없지요. 또한 자연의 왕국과 그 질서가 스스로 목적의 왕국을 만들고자 하는 시민 개인과 조화를 이룬다고 기대할 수도 없습니다. 다시 말하면 규범을 잘 따르더라도 그 자신의 행복에 대한 기대를 충족하지 못할 수도 있습니다. 그래도 저 법률은 여전히 유효합니다.

"가능한 목적의 왕국을 위해 보편적인 법률을 만드는 시민의 좌우명에 따라서만 행동하라."

왜냐하면 이것은 무조건적인 명령이기 때문입니다. 그리고 바로 이 지점에 역설이 있습니다. 어떤 다른 목적이나 이익을 얻지 못해도, 이성적인 피조물로서 인간의 존엄만이, 다시 말하면 그저 관념에 불과한 것에 대한 존경만이, 여전히 의지의 확고한 계율로 쓰여야 한다는 역설입니다. 그리고 행동을 일으키는 모든 동인에서 자유로워짐으로써 좌우명은 숭고함을 얻습니다. 이로 말미암아 모든 이성적인 주체가 목적의 왕국에서 입법활동을 하는 시민이 될 자격을 갖게 됩니다. 그렇지 않다면 그 사람은 단지 자연법칙의 피지배자로 여겨져야 하기 때문입니다.

자연의 왕국과 목적의 왕국이 하나의 통치자의 통치 아래에서 연합되어 있다고 가정해 보지요. 그래서 목적의 왕국은 단순한 관념이 아니라 진짜로 현실 세계에 구현되었다고 가정하는 것입니다. 그 경우 행위를 유발하는 강한 충동이 틀림없이 권좌에 오를 수도 있겠지만, 그렇다고 해서 인간 존엄의 고유한 가치가 증가하는 것은 아닙니다. 왜냐하면 법률을 만드는 절대적인 존재라도 저 인간의 존엄이라는 관념이 홀로 이성적인 존재들에게 지시하는 바를 따라야 하기 때문이며, 항상 공평무사한 행동을 통해 이성적인 존재들의 가치가 판단되도록 하기 때문이지요. 존재의 본질은 그들의 외부 관계에 의해 바뀌지는 않습니다. 그런 외부 관계를 배제한 본질이, 하느님에 의해서든 판단자가 누구이든, 인간을 판단하는 근거이며, 그런 본질이 인간의 절대적인 가치를 이루는 것입니다.

그러므로 도덕이란 행위의 의지, 즉 좌우명을 통해 보편적인 법률을 만들어 내는 자율성에 대해 행동이 갖는 관계입니다. 의지의 자율성에 맞는 행동은 허용됩니다. 그렇지 않은 행동은 금지됩니다. 자율성의 법률과 항상 일치하는 좌우명은 신성한 의지이며, 절대적으로 선합니다. 절대적으로 선하지만은 않은 의지가 자율성의 원리에 의존하는 것(도덕의 불가피성)은 양심의 구속이라고 합니다. 이런 이야기는 신성한 존재에게는 해당할 수는 없겠습니다. 양심의 구속에서 비롯되는 행동의 객관적인 필연성을 의무라고 부릅니다.

의무라는 관념이 법률에 대한 종속을 나타내기는 하지만, 방금 논의를 통해서, 우리가 어째서 존엄과 숭고함을 자기 의무를 다한 사람에게 돌리는지 쉽게 알 수 있게 됐습니다. 인간이 도덕법에 적용을 받는 것만으로는 인간에게 어떤 숭고함이 있노라 할 수는 없습니다. 그러나 인간이 마찬가지로 바로 그 법률의 입법자라는 점, 바로 그 이유로 말미암아 그 법률의 적용을 받는다는 점에서 인간은 숭고합니다. 우리는 또한 위에서 어떤 두려움이라거나 성향이 아니라, 그저 도덕법에 대한 존경이야말로 행위에 도덕적 가치를 부여하는 요인이라는 점도 증명했습니다. 우리 자신의 의지, 의지의 좌우명이 보편적인 법률일 수 있다는 단지 그런 조건 하에서 행동하라고 가정될 때의 이상적인 의지만이 우리에게 예정되는 의지이며, 또한 존경받아 마땅한 대상입니다. 그리고 인간의 존엄은 보편적으로 입법 활동을 할 수 있는 바로 그 능력에서 나옵니다. 설령 자기가 만든 법률에 스스로 적용을 받는 조건이어도 그러합니다.

도덕의 최고 원리인
의지의 자율성

의지의 자율성은 스스로 법률이 되는 의지의 특성을 말합니다(바라는 마음의 대상이 어떤 특성을 지녔는지와는 무관합니다). 자율의 원리는 이러합니다. "한 사람이 선택한 좌우명이 동일한 의지력을 지닌 다른 사람에게 보편적인 법률로 이해되는 것이 아니라면 그런 좌우명을 선택하지 말아라." 이러한 실천 규칙은 명령입니다. 즉, 모든 이성적인 존재의 의지는 어떤 조건으로 반드시 제한돼야 한다는 명령입니다. 그런데 이 명제는 종합명제인 까닭에 명령 안에서 발견되는 개념을 단순히 분석하는 것만으로는 증명할 수 없습니다. 우리는 대상에 대한 인식을 넘어 주체의, 즉 순수 실천 이성에 대한 비판적 검토까지 나아가야 합니다. 왜냐하면 필연적으로 명령하는 종합명제는 전적으로 경험 무관하게 인식될 수 있어야 하기 때문입니다. 그러나 이 문제는 여기에서는 다루지 않습니다. 하지만 이런 자율성의 원리가 유일한 도덕 원리라는 점은 쉽게 증명할 수 있습니다. 도덕의 개념에 대한 간단한 분석만으로 그러합니다. 이 분석을 통해 우리는 도덕의 원리가 정언명령이 되어야 한다는 점을 알게 됩니다. 정언명령이 명령하는 바는 바로 자율성 그 이상도 이하도 아닙니다.

모든 거짓 도덕 원리의 근원인
의지의 타율성

만약 의지가 보편적인 법률에서 자기 좌우명을 찾기보다는 다른 곳의 법률을 찾아서 자기 좌우명을 따르게 한다면, 항상 타율성을 낳습니다. 결과적으로 자기 바깥으로 나가서 의지의 대상이 지니는 어떤 특성에서 법률을 찾고자 한다면, 언제나 타율성을 낳습니다. 이 경우 의지는 스스로 법률을 제공하지는 못합니다. 의지와 관계하는 대상이 법률을 제공하는 것입니다. 이런 관계는 개인의 성향에 의존하든 이성의 개념에 의존하든 그저 가언명령일 뿐입니다. 이런 식입니다. "나는 해야만 한다. 왜냐하면 내가 무엇인가를 원하기 때문에." 그러나 도덕이란 무조건적이며, 무조건적인 정언명령은 말합니다. "나는 해야만 한다. 내가 무엇인가를 원하지 않더라도."

예를 들어서 가언명령은 이렇게 말합니다. "나는 거짓말하지 말아야 한다. 내 명예를 지속하려면." 정언명령은 이렇게 말합니다. "나는 거짓말하지 말아야 한다. 거짓말이 내게 전혀 불명예스럽지 않더라도."

그러므로 정언명령은 모든 대상을 분리해내야 합니다. 대상이 의지에 어떤 영향도 미치지 못하도록 해야 합니다. 그렇게 함으로써 실천 이성(의지)이 주관적인 관심에 신경 쓰지 않게 될 것입니다. 그런 관심은 실천 이성에 속하지 않습니다. 또한 대상의 영향을 없앰으로써 실천 이성은 최고의 입법자로서 자신에게 명령 권한이 있음을 간명하게 보여줄 수 있습니다. 예컨대 나는 다른 사람들의 행복 실현을 위해 노력해야만 합니다. 그러나 그런 실현이 내 자신에게 어떤 이해관계(내 자신의 직접적인 성향이라거나 혹은 이성을 통해 얻는 간접적인 만족이라거나)가 있어서가 아닙니다. 그런 것은 나의 죄우명이 보편 법률로 납득할 수 없으므로 배제하며 다른 사람의 죄우명으로도 납득될 수 없을 터입니다.

타율성 개념에서 도출될 수 있는 도덕 원리의 분류

다른 경우와 마찬가지로, 여기에서도 비판 없이 인간 이성을 순수하게 사용할 때에는 일단 이런저런 틀린 길을 두루 시도한 다음에야 비로소 하나뿐인 진실한 길을 찾는 데 성공합니다.

그런 관점에서 얻어지는 모든 잘못된 원리는 경험적이거나 혹은 이성적입니다. 경험적인 원리는 자연적인 감정이거나 또는 도덕적인 감정을 토대로 합니다. 이런 경험 원리는 행복의 원리에서 얻어집니다. 반면 이성 원리는 완전성 원리에서 얻어집니다. 이런 이성적인 원리는 가능한 결과로서 그와 같은 완전성이라는 이성 개념을 토대로 하게 됩니다. 또는 우리 의지에 결정적인 영향을 미치는 독립된 완전성(신의 의지)이라는 개념 위에 만들어질 수도 있습니다.

경험적인 원리는 결코 도덕 법률의 기초가 될 수 없습니다. 왜냐하면 도덕 법률의 보편성은 차별 없이 모든 이성적인 존재에게 적용돼야 하기 때문입니다. 도덕법은 이성 존재들에게 무조건적이며 실천적인 필연성을 부과합니다. 그러나 도덕 법률의 기초가 사람마다 다른 인간 본성의 특별한 성질에서 비롯된다거나 우연적인 상황에서 생기는 것이라면 보편성은 상실되고 맙니다. 사사로운 행복의 원리는 도저히 수용불가합니다. 그 원리가 단순히 거짓이기 때문도, 경제적인 행복이 항상 선한 행동과 어울릴 것이라는 가정을 경험이 반박하기 때문도 아니며, 그저 도덕을 확립하는 데 아무런 도움을 주지 못하기 때문만도 아닙니다. 부유한 사람과 선한 사람을 만드는 것이 매우 다른 문제이기도 하거니와, 사람으로 하여금 자기 관심에 대해 영리함과 명철함을 갖도록 하는 문제와 도덕적으로 만드는 문제는 아주 다릅니다. 행복의 원리를 수용할 수 없는 까닭은, 행복을 추구하려는 충동이 도덕을 약화시키고 숭고함을 파괴하는 결과를 초래하기 때문입니다. 그런 충동은 덕행에 대한 동기와 악행에 대한 동기를 같은 등급으로 취급하며, 단지 우리에게 손익계산을 더 잘하라고 가르칠 뿐이지요. 그래서 덕행과 악행 사이의 특별한 차이점이 완전히 사라지고 마는 것입니다.

그런데 특별한 감각으로 가정되는 도덕 감정[P]이라는 것도 있습니다. 도덕 감정에 대한 호소는 정말로 피상적입니다. 보편 법률에 대해 생각하지 못하는 사람들은 감정의 도움을 받을 것이라는 믿음이 있습니다. 더 생각해 보지요. 감정 자체는 그 정도가 당연히 다릅니다. 그런 감정으로는 선과 악의 일관된 기준을 제공하지 못합니다. 누구도 그 자신의 감정에 의해 타인을 판단할 권리가 없습니다. 그럼에도 불구하고 이 도덕 감정이 도덕성과 도덕의 존엄에 아주 가까워질 때가 있기는 있지요. 존경이라는 감정입니다. 도덕 감정은 덕행에 명예를 주는데, 그 명예란 즉각적인 만족감과 도덕에 대한 우리의 존경심입니다. 말하자면 도덕 감정은 도덕의 아름다움이 아니라 이득 때문에 그것에 끌렸노라고 대놓고 말하지는 않습니다.

> P 칸트주석
> 나는 도덕 감정의 원리를 행복 원리와 같은 항목으로 분류했습니다. 모든 경험적 관심은 무언가가 가져다 주는 만족감이 우리의 웰빙에 기여한다고 약속하기 때문입니다. 여기에서 말하는 만족감은 금전적인 이익과는 상관없이 직접적으로 느끼는 것일 수도 있고 이득이 기대되는 것일 수

도 있습니다. 우리는 허치슨[33]Hutcheson 씨의 주장에 따라 다른 사람의 행복에 대한 공감 원리를 그가 제시한 도덕적인 감정으로 분류해야 합니다.

도덕의 이성적인 원리 중에서 완전성의 존재론적 개념이 그 결점에도 불구하고 신학적인 개념보다 낫습니다. 신학적인 개념은 절대적으로 완벽한 하느님의 의지에서 도덕성을 도출합니다. 존재론적 개념은 분명 공허하며 불분명하지요. 결과적으로 저 한없이 가능한 현실계에서 우리에게 알맞은 최대한의 도덕 원리를 찾는 데 아무런 도움이 되지 못합니다. 게다가 우리가 지금 말하려는 현실과 그 밖의 모든 다른 현실을 명확히 구별하려고 시도할 때, 어쩔 수 없이 원을 도는 순환 논법에 빠지고 맙니다. 존재론은 설명해야 할 도덕성을 암묵적으로 전제할 수밖에 없는 개념입니다. 그럼에도 여전히 존재론적인 개념이 신학적인 개념보다는 낫습니다.

첫째 우리는 하느님의 완전성을 알아낼 직관을 지니지 못했기 때문입니다. 그저 우리 자신의 개념에서 하느님의 완전성을 도출할 뿐입니다. 우리 개념에서 가장 중요한 것이 또 도덕성이다

---

33 프랜시스 허치슨(Francis Hutcheson, 1694-1746), 경험주의적 윤리학자. 존 로크에게 영향을 받았으며, 데이비드 흄의 친구이자 애덤 스미스의 스승.

보니 우리가 하려는 설명이 더 큰 원 안에 갇히고 맙니다. 둘째, 우리가 이런 원에 갇히는 것을 피한다 해도 우리에게 남는 것은 오직 하느님의 의지라는 관념뿐입니다. 하느님의 의지라는 관념은 영광과 주권이라는 소망의 속성으로 이루어진 개념입니다. 그러나 이 개념은 힘과 복수라는 무시무시한 개념과 결합되어 있지요. 이런 토대 위에 세운 어떤 도덕 체계도 도덕성에 정면으로 반할 터입니다.

그런데 도덕 감정이라는 관념과 완전성 일반이라는 관념 중에서 어느 하나를 내가 선택한다면(이 두 관념이 만들어 내는 도덕 시스템은 결코 도덕의 근거가 될 수는 없겠으나 적어도 도덕성을 약화시키지는 않습니다), 나는 완전성을 택하겠습니다. 왜냐하면 완전성이라는 관념은 적어도 도덕 문제에 대한 해결을 감수성의 예민함에 맡기지 않기 때문입니다. 그 문제를 순수 이성의 법정으로 가지고 갑니다. 설령 순수 이성이 당장은 아무런 판결을 내리지 못해도, 어떤 경우라도 미해결의 관념(부정함이 없는 그 자체로 선한 의지의 관념)을 더 정확하게 구체화할 때까지 잘 지켜주기 때문입니다.

나머지 사항에 대해서는 그만 줄이겠습니다. 내가 이들 견해의 모든 내용을 상세하게 반박하지 않아도 될 것 같습니다. 시간 낭비입니다. 그런 작업은 매우 쉬운 일이기도 하거니와, 아마도 이들 이론 중에 어느 하나를 공표해야만 하는 공직자에게 더 자명할 터입니다(청중들은 판결이 연기되는 것을 못 참기 때문이지요). 여기에서 더욱 관심사는 이것입니다. 이들 원리에 의해 정해지는 도덕의 중요 기초는 다름 아닌 의지의 타율성이라는 점과, 그로 말미암아 이들 원리는 어쩔 수 없이 길을 잃고 만다는 점을 확인하는 것입니다.

의지를 결정하는 규칙을 정할 때 우리가 의지의 대상을 짐작하면서 생각해야만 한다면, 그때 규칙은 타율적인 것에 불과합니다. 그런 규칙의 명령은 조건적입니다. 즉, "누군가 바란다면 이렇게 행동해야 한다거나 어떤 사람이 바라기 때문에 이렇게 행동해야 한다"는 식으로 명령합니다. 그렇기 때문에 결코 도덕적인 명령, 즉 무조건적인 명령이 될 수 없습니다. 그런 대상은 사적인 행복의 원리와 같은 개인적인 성향으로 의지를 정할 수도 있겠고, 혹은 완전성의 원리와 같이 우리의 바라는 마음 일반으로 대상들을 직접 생각하는 이성을 이용해서 의지를 정할 수도 있겠습니다. 이 두 가지 경우에서 어느 쪽이든, 무슨 행동을 나타낼지에 대해 의지가 스스로를 즉각적으로 결정하지는 못합니다. 단지 행동의 예견된 결과가 의지에 영향을 미칠 뿐입니다. "나는 해야만 한다. 그 이유는 내가 무엇인가를 바라기 때문이다"라는 문장입니다. 여기에는 또 다른 법률이 여전히 가정돼야 합니다. 내 안에서 의지의 주체로서 내가 다른 무엇을 필연적으로 바라고 있습니다. 이때의 법률은 다시 이러한 좌우명을 제한하는 명령이 필요합니다. 대상이라는 개념은 주체가 지니는 의지에 영향을 미치게 되는데, 그때의 영향은 우리의 능력 범위 안에서 이루어집니다. 그런 영향력을 행사할 수 있는 이유는 그 주체의 타고난 속성 때문입니다. 그런 영향은 감수성(개인적인 성향과 취향)이든지 아니면 지식과 이성 같은 것이든지 주체의 타고난 본성에 따라 달라지며, 주체 저마다의 능력에 따라 대상에 대한 만족감을 제공하겠지요. 그래서 정확하게 말하면 그런 법률은 자연적인 것이며, 경험을 통해 알아야만 하고 또 증명돼야 하는 것입니다. 그래서 결과적으로 우연적인 것이며, 그러므로 도덕규칙이 그래야만 할 것 같은 필연적인 실천 규칙은 못 됩니다. 그것만이 아닙니다. 그 규칙은 어쩔 수 없이 그저 타율적이지요. 의지가 스스로 법률을 부여하는 게 아니라, 주체의 특별하고 타고난 성격을 통해 외부 충동을 받아들이고, 그 외부 충동이 의지에 법을 제공하는 것입니다.

그런데 선한 의지는, 정언명령이 되어야 한다는 원리는 모든 대상과의 관계가 정해져 있지 않습니다. 그저 바라는 마음 일반의 형식만을 포함할 뿐입니다. 즉, 자율성의 형식입니다. 다시 말하면 모든 선한 의지의 좌우명이 그 자체로 보편적인 법률이 되도록 하는 능력 그 자체가 유일한 법률입니다. 모든 이성적인 존재의 의지는 이 법률을 따르도록 스스로 강요합니다. 어떤 충동이나 주관적인 관심을 토대로 삼을 필요도 없습니다.

어떻게 이런 경험 무관한 종합적인 실천 명제가 가능한지, 어째서 필연적인가라는 문제의 해답은 더 이상 도덕 형이상학의 영역 안에 있지 않습니다. 우리는 여기에서 그 명제가 참임을 단언하기는커녕 우리 힘으로 그것을 증명하겠노라고 공언하지도 않았습니다. 우리는 그저 의지의 자율성이 그 명제와 불가피하게 연결되어 있다거나 기초를 이루고 있음을 밝혔으며, 이는 보편적으로 수용되는 도덕 관념을 전개하면서 보여주었습니다. 도덕을 말도 안 되는 터무니 없는 생각이 아니라 실제로 있는 것이라고 믿는 사람이라면 여기서 선정한 저 명제의 원리를 마찬가지로 받아들여야 합니다. 이 장에서는 1장에서와 같이 오직 분석만 했습니다. 이제 도덕이라는 것이 우리 머리가 만들어낸 창작물이 아니라는 사실을 증명해야 합니다. 만약 정언명령과 의지의 자율성이 참이고, 절대적이며 필연적인 경험 무관한 원리라면, 정언명령과 의지의 자율성에 대한 이러한 명제는 순수 실천 이성의 종합적인 사용의 가능성을 가정합니다. 그러나 순수 실천 이성의 능력에 대한 비판적인 검토를 먼저 제시하지 않고서는 우리는 과감히 이야기할 수는 없습니다. 마지막 장에서 우리가 목적하는 바에 족할 정도로 이러한 비판적인 검토의 중요 사항을 개략적으로 제시하겠습니다.

제3장

도덕 철학의 한계는
어디인지

제3장
도덕철학의 한계는 어디인지

2장에서 칸트는 세 가지 정언명령을 제시했다. 세 기지 중 마지막 정언명령 문장이 "이성적인 존재 스스로 법률을 만드는 것이므로 모든 행위의 규범은 자연의 왕국처럼 목적의 왕국과 조화를 이뤄야 한다"는 것이었다. 〈이성적인 존재 스스로 법률을 만드는 것〉이라는 표현에는 "의지의 자유"가 전제되어 있다. 칸트는 2장에서 목적의 왕국에서는 시민이건 통치자건 의지의 자유가 있다고 선언했다. 기본적으로 칸트는 의지의 자유를 전제로 도덕의 원리를 이끌어냈다. 그렇다면 자유는 어디에서 나온 것인가? 이것이 3장이 다루는 중요한 주제이다. 그러나 칸트는 자유에 대한 증명은 불가능하다고 말한다. 자유는 선천적으로 주어지는 것이어서 그저 우리 인간의 특성임을 전제할 수 있을 뿐이지 증명할 수 없다는 것이다. 그것이 바로 실천 이성의 한계라고 칸트는 밝힌다. 칸트는 3장을 통해 아무리 생각을 해도 우리가 알 수 없는 것에 대해서 이야기한다. 그의 대표작 〈순수이성비판〉을 통해 사물 그 자체를 우리가 알 수 없다고 말한 논리와 결론이 여기에서도 반복된다.

한편, 자연법칙과 자유의 법칙은 닮은 점이 있고 다른 점이 있다. 칸트는 이 장에서 자연법칙과 자유의 법칙의 관계를 더 집중해서 다룬다. 그러면서 〈자연의 왕국과 목적의 왕국의 조화〉와 〈자연과 자유의 통합〉을 시도한다. 우리 인간은 감각 세계에도 속하며 동시에 지식 세계에도 속하는데, 감각 세계에 속한다는 점에서 자연법칙의 적용을 받고, 지식 세계에 속한다는 점에서 자유의 법칙이 성립한다는 것이며, 또한 감각 세계에 속하므로 욕망과 성향에 의해 영향을 받는 것이지만 동시에 지식 세계에도 속하므로 이성의 적용을 받는다는 것인데, 칸트는 이런 논리를 전개함으로써 자유와 자연의 모순을 해결하고자 한다.

또한 이 장의 주제는 실천 이성이 어디까지 알 수 있으며, 어느 지점을 넘어서는 알 수 없는지, 즉 실천 이성의 힘이 미치는 경계를 밝히는 것이므로, 칸트는 자연법칙의 한계와 자유의 법칙의 한계를 일치시키고 또한 종합해 낸다. 그러면서 3장은 칸트철학의 인식론을 이해하는 단서를 제공한다.

자유의 개념은
의지의 자율성을 설명하는 열쇠

의지에는 원인[34]이 있습니다. 자유가 바로 그 의지를 만드는 원인입니다. 모든 이성적인 존재에게 적용되는 이러한 자유는 외부 원인에 의해 영향을 받지 않습니다. 자연필연성은 모든 비이성적인 존재에게 원인으로 작용하지만, 그것의 운동은 외부 원인에 의해 정해집니다. 자유에 대한 이러한 정의가 소극적이기는 합니다. 그래서 자유의 본질을 발견하는 데 그다지 도움이 되지는 못하지요. 하지만 이 소극적인 개념이 더욱 충만하고 풍성한 적극적인 개념을 낳습니다.

원인과 결과의 관계는 법칙이라는 개념을 포함합니다. 그 법칙에 따라 우리가 원인이라고 부르는 이런저런 것에 의해 결과가 만들어집니다. 그러므로 자유는 자연법칙을 따르지는 않습니다만, 그렇다고 해서 법칙이 없는 것은 아니지요. 자유는 불변의 법칙이면서도 독특한 유형의 법칙을 따르는 원인 행위입니다. 그렇지 않다면 자유의지라는 것은 성립하지 않습니다.

---

34 인과성(causality), 원인과 결과의 관계

자연필연성은 작용원인의 타율성입니다. 모든 결과는 자연법칙에 따라서만 가능해지는데, 다른 무언가가 작용원인이 돼서 자연의 원인 및 결과의 관계가 정해지기 때문입니다. 의지의 자율성은 이런 자연과는 달리, 의지가 자신에게 법칙^{법률}이 되는 특성이 있습니다. 그렇다면 그런 특성을 제외하고 다른 무엇이 의지의 자유가 될 수 있겠습니까?

"의지는 모든 행위에서 그 자신에게 법률이 된다"라는 명제는, 좌우명 그 자체가 보편적인 법률이 됨으로써 자기가 대상이 되는 그런 좌우명을 따라서만 행동하라는 원리를 나타냅니다. 이것이야말로 정언명령을 표현하는 정형 문구이며, 도덕의 원리입니다. 이리하여 자유의지와 도덕 법률의 적용을 받는 의지가 하나가 됩니다.

그러므로 우리는 의지의 자유를 전제로 삼아서 도덕과 도덕의 원리를 이끌어낼 수 있습니다. 이것은 단지 의지의 자유라는 개념을 분석함으로써 가능해집니다. 그러나 도덕의 원칙은 아래와 같은 종합명제입니다.

"절대적으로 선한 의지라는 것은 보편적인 법률로 여겨지는 좌우명을 자기 의지의 좌우명으로 언제나 포함할 수 있는 그런 의지이다."

그 좌우명의 이런 특성은 절대적으로 선한 의지라는 개념을 분석하는 것만으로는 결코 밝혀낼 수 없습니다. 그런 종합명제는, 두 가지 인식[35]에 공통적으로 발견되는 세 번째 인식[36]과 결합해야만 두 가지가 연결된다는 방식으로 이해할 수 있습니다. 이 세 번째 인식이 자유의 적극적인 개념입니다. 그리고 그것은 자연법칙에서의 원인처럼, 감각 세계의 본성이 아닙니다(감각 세계에서는 서로 다른 개념이 원인과 결과로 결합합니다). 그러나 자유가 우리에게 제시하고 우리가 선천적인 관념을 지니는 저 세 번째 인식이 무엇인지 즉시 증명할 수는 없으며, 자유라는 개념이 어떻게 순수 실천 이성의 원리들로부터 타당성을 얻게 되는 것인지, 또 어떻게 정언명령을 가능하게 하는지를 바로 이해할 수도 없습니다. 아직 먼저 해야 할 작업이 남아 있기 때문입니다.

---

35 절대적이고 선한 의지라는 인식과 보편적인 법률로 여겨지는 좌우명이라는 인식.

36 보편적인 법률로 여겨지는 좌우명을 언제나 자기의 좌우명으로 삼으려는 자유 의지에 관한 인식.

자유는 모든 이성 존재가 지니는 의지의 특성으로 전제돼야 한다

자유가 모든 이성적인 존재의 속성이라고 단정할 수 없다면, 자유를 의지의 속성이라고 단언할 수도 없습니다. 이성이 있기 때문에 도덕은 법이 됩니다. 그래서 도덕이 모든 이성 존재에게 적용되는 것이지요. 그리고 자유가 있기 때문에 도덕을 생각할 수 있는 것이므로 자유도 모든 이성적인 존재가 지니는 특성인지 증명돼야 합니다. 자유에 대한 증명은 인간 본성의 이런저런 경험에서 비롯된다는 것으로는 불충분하며(사실 결코 불가능하지요. 그것은 오직 경험 무관하게 증명될 수 있으니까요), 의지를 타고난 모든 이성적인 존재의 활동에 속함을 보여줘야 합니다.

이제 말합니다. 자유라는 이성 개념 바깥에서는 행동할 수 없는 존재라면 바로 그런 이유로 실천적인 관점에서 정말로 자유롭습니다. 다시 말하면, 마치 그가 지닌 의지가 그 자체로 자유롭다는 것이 이론적으로 확실한 증명된 것처럼, 자유와 떼려야 뗄 수 없는 모든 법률은 그런 자유로운 존재에게 동일한 구속력을 지닙니다.[Q] 나는 이제 확실히 말합니다. 의지를 지닌 모든 이성적인 존재에게는 자유라는 관념이 있으며, 온전히 자유라는 관념 아래에서 행동합니다. 자유로운 존재여야 실천적인 이성, 즉 대상에 관해 원인이 되는 이성을 우리가 생각할 수 있기 때문입니다. 어떤 판결을 내릴 때 다른 무엇에 의해 의식적으로 조종을 당하는 이성은 상상할 수 없습니다. 그것은 판단 결정권을 이성이 아니라 충동에 맡긴 것이기 때문입니다. 행위 주체는 스스로 원리들을 써 내려가는 입안자이며, 외부 영향과는 독립적입니다. 결과적으로 행위 주체는 실천 이성으로서 혹은 이성 존재의 의지로서 스스로를 자유로운 존재로 여겨야 합니다. 다시 말해 이성적인 존재의 의지는 자유라는 관념 바깥에서는 자기 자신의 의지가 될 수 없습니다. 그러므로 행위에 대한 자유라는 관념은 이성을 지닌 모든 존재에게 적용되어야 합니다.

> Q 칸트주석
> 나는 이런 식으로 자유를 단순히 이성적인 존재가 행동할 때 전제로 삼는 관념에 불과하다고 가정하는 방식을 취합니다. 자유를 이론적인 관점에서도 증명해야 하는 번거로움을 피하기 위해서입니다. 이 연구에서는 그렇게 가정하는 것만으로도 충분합니다. 자유를 이론적으로 규명하지 않더라도, 실제로 자유로운 존재가 복종하는 법률은, 자기 자신의 자유라는 이성 개념 바깥에서는 행동할 수 없는 존재에게 여전히 유효하기 때문입니다. 따라서 여기서는 이론을 요구하는 까다로운 문제를 피할 수 있습니다.

도덕이라는 이성 개념에
붙어 있는 관심

우리는 마침내 도덕의 명확한 개념을 자유라는 관념으로 정리해냈습니다. 그러나 이 자유에 관해서는 인간 본성의 특성임을 실제로 증명할 수는 없었습니다. 단지 어떤 존재를 이성적이며 그것을 행위의 원인으로 인식하는, 즉 타고난 의지를 지닌 존재로 여긴다면, 자유라는 관념이 전제돼야 함을 보였을 따름이지요. 그래서 자유라는 관념 하에 자신의 행동을 결정한다는 특성을 이성과 의지를 타고난 모든 존재에게 부여해야만 했습니다.

이제 이들 관념을 전제함으로써 우리는 법칙의 존재를 깨닫게 되었습니다. 그 법칙이라는 것은 이러했지요. 행위의 주관적인 원칙인 좌우명들이 언제나 객관적으로도 타당할 수 있어야 한다는 것입니다. 즉, 보편 원리들에 맞아야 하며, 그렇게 해서 좌우명들이 우리 자신에게 명령하는 보편적인 법률로서 기능한다는 이야기지요. 그러나 어째서 나는 나 자신을 이런 원리에 적용받도록 하는 것일까요? 단지 이성적인 존재이기 때문에? 그러니까 이성을 타고난 다른 모든 존재도 이런 원리에 적용받아야만 하는 것인가요? 이 문제에 관해서 어떤 주관적 관심도 나를 강요하지는 못합니다. 그래서는 정언명령을 제공하지 못하기 때문입니다. 그렇지만 나는 이 문제[37]에 관심을 가져야만 하고, 이것이 어떻게 발생하는지 깨달아야 합니다. 왜냐하면 〈나는 해야만 한다〉는 사실 〈나는 할 것이다〉이기 때문인데, 이런 표현은 어떤 방해도 없이 사람의 행위를 결정하는 이성에 의해서만 가능하며, 따라서 모든 이성적인 존재에게 타당합니다. 그러나 우리 인간은 다른 종류의 동인, 즉 감수성에 의해 추가적으로 영향을 받는 존재입니다. 그런 경우 언제나 이성만이 행동에 작용하는 것은 아니어서 이때의 필연성은 그저 〈해야만 한다〉만으로 표현되지요. 이런 주관적인 필연성은 객관적인 것과는 다릅니다.

도덕 법률, 다시 말해서 의지의 자율성 원리를 자유라는 이성 개념 안에서 그저 전제하기만 한 것 같군요. 또한 자유가 실제로 존재하며 객관적으로 반드시 필요함을 각각 증명하지는 못한 것 같습니다. 그렇다 해도 우리는 여전히 상당한 성과를 얻었지요. 적어도 앞에서 밝혀진 것보다 진실한 원리를 정확하게 밝혀냈으니까요. 하지만 의지의 자율성 원리가 올바른 이야기인지, 그 원리에 우리가 어째서 스스로 복종해야만 하는지 여전히 한 걸음도 나아가지는 못했습니다. 어째서 개인적인 규범

---

37 행위의 좌우명이 보편 법률이 되는 문제. 즉, 주관과 객관이 일치하는 것.

이 보편적으로도 올바르게 돼서 우리 행동을 제한하는 것일까요? 그 어떤 이익보다 훨씬 위대한 가치가 있어서 우리 행동을 그렇게 제한하는 것일까요? 대관절 그 가치의 근거는 무엇입니까? 어째서 그런 가치만으로 인격을 느끼게 되는 일이 발생합니까? 그것에 비해 기분 좋고 나쁨이 아무것도 아닌 이유는 무엇입니까? 이런 질문에는 아직 만족할 만한 답변을 내놓지 못했습니다.

외부 조건에 대해 아무런 관심을 포함하지 않는 인격적 자질이 있습니다. 그런 인격적 자질을 통해 외부 조건에 관여할 수 있습니다만, 이성은 이때 외부 조건이 우리에게 미치는 몫을 따집니다. 예를 들어 행복할 가치가 있다는 것은 행복해지려고 노력하지 않아도 그 자체로 관심이 갑니다만, 행복에 대한 판단은 우리가 앞에서 전제한 도덕 법률의 중요성에 의해 생긴 결과일 뿐이지요(도덕 법률은 자유라는 이성 개념으로 모든 경험적인 관심에서 분리할 때 전제되었습니다). 그러나 경험적인 관심들에서 우리 스스로를 분리해 냄은, 행동에서는 자유롭지만 동시에 어떤 법률들에 구속되는 존재로 우리 자신을 여긴다는 것이며, 그렇게 함으로써 우리 자신의 인격에서 가치를 찾겠다는 의미입니다. 외부 조건에서 모든 것을 잃더라도 인격이 보상해줄 수 있어야 합니다. 그러나 이런 방식으로는 아직 알아낼 수 없습니다. 그렇게 행동하는 것이 어떻게 가능한지, 달리 말해 도덕 법률이 어찌 우리로 하여금 의무를 이행하게 이끄는지 보여주지는 못했습니다.

벗어나기 불가능한 것처럼 보이는 순환논법이 여기에 있군요. 기꺼이 인정합니다. 작용원인이 미치는 질서에서 우리 스스로 자유롭다고 가정합니다. 목적원인의 질서에서 우리 스스로를 도덕 법률에 구속된다고 여길 수 있게 하기 위함입니다. 그런 다음에 우리 자신이 의지의 자유를 지니고 있다고 봐서 도덕 법률에 스스로 구속된다고 생각합니다. 의지의 자기 입법과 자유는 모두 자율적인 것이며, 그런 까닭에 서로 바꿔 쓸 수 있는 개념입니다. 바로 이런 이유 때문에, 이 두 가지 개념 중 어느 하나로 다른 하나를 설명한다거나 근거를 제공한다거나 해서는 안 됩니다. 기껏해야 그저 논리적인 목적으로 활용될 뿐인데, 같은 대상 위에도 겉으로는 상이한 관념들을 하나의 개념으로 정리해주는 것에 불과하지요(마치 우리가 동일한 값이지만 상이하게 표현된 분수들을 가장 작은 분수로 약분하는 것과 같습니다).

우리에게는 한 가지 방법이 남아 있습니다. 자유를 경험 무관한 작용원인으로 생각하는 방법입니다. 눈앞에 보이는 결과인 행동에 따라 우리 자신을 개념화할 때와는 다른 관점을 취하는 것입니다.

감각처럼 무심결에 떠오르는 모든 관념이 우리로 하여금 대상을 알 수 있게 하지는 못합니다. 그래서 대상 그 자체가 무엇인지 우리는 모릅니다. 아무리 주의를 기울이고 똑똑하게 생각해도, 겉으로 드러나는 지식을 얻을 수 있을 뿐이지 사물 그 자체의 지식을 얻을 수는 없습니다. 치밀한 사유가 없이도 이런 생각은 가능하며, 지극히 평범한 지식으로도 할 수 있는 지적입니다. 일단 이렇게 구별하게 되자마자(아마도 외부에서 주어지고 우리가 수동적으로 받아들이는 생각들과, 우리가 스스로 만들어 내고 우리 자신의 활동으로 보여주는 생각은 차이가 있어서 그런 차이로 말미암은 것이겠습니다만), 우리는 겉으로 드러난 것 뒤에는 겉으로 드러나지 않은 다른 무엇이 있음을 가정하고 또한 인정해야만 합니다. 즉, 사물 그 자체입니다. 사물은 우리에게 영향을 미치기는 합니다만 파악되지는 못하기 때문에, 우리는 사물에 더 가까이 다가갈 수도 없으며 사물 그 자체가 무엇인지를 알 수조차 없습니다. 다소 거칠기는 하지만, 이는 필경 감각 세계와 지식 세계 사이의 분별을 낳습니다. 감각 세계는 사람마다 감각적인 인상이 다릅니다. 반면 지식 세계의 기초는 언제나 동일합니다.

인간 자신에 대해 말해 볼까요? 자기 감각으로 얻은 지식으로 인간은 자기 안의 자기를 안다고 할 수는 없습니다. 인간은 자기 자신을 창조하지 않았기 때문이며, 자기 자신을 경험 무관하게 인식하기보다는 경험적으로 인식하기 때문입니다. 인간은 자기 자신에 대해서조차 단지 내부 감각으로, 결과적으로 자기 자신의 자연현상을 통해서만 지식을 얻을 수 있다는 이야기가 됩니다. 이것은 현상이 의식에 영향을 미치는 방식입니다. 현상들로만 이루어진 자기 주체의 특성을 뛰어 넘으려면, 그런 현상의 기초가 되는 다른 어떤 것, 즉 자아[80]를 생각해 봐야 합니다. 자아 자체의 특성이 무엇이든 간에 말이죠. 이리하여 인간은 감각의 인식과 수용에 관해서는 감각 세계에 속합니다. 그러나 무엇이든 그 자신 안의 순수한 활동(즉각적으로 의식하지만 감각을 통하지는 않는 것)에 관해서는 인간은 지식 세계에 속합니다. 다만 인간은 지식 세계를 더 이상 알 수는 없습니다.

생각 깊은 사람은 자신이 접하는 모든 사물에 대해 이 같은 결론에 도달합니다. 지극히 평범한 지식을 지니는 사람도 아마 같은 결론에 이를 터입니다. 잘 알려진 것처럼, 감각의 대상 뒤에는 눈에 보이지 않으며 저절로 활동하는 다른 무언가가 있으리라고 인간은 생각하게 마련이지요. 그러나 감각은 이 눈에 보이지 않는 것을 다시금 감각적으로 만들어버림으로써 그 무언가를 즉시 오염시킵니다. 다시 말하면, 사람들은 무엇이든 직관의 대상으로 삼으려고 하니 조금도 현명해지지 못하는 것입니다.

이제 인간은 진실로 자기 안에서 자기 자신과 그 밖의 다른 모든 것을 구별할 수 있는 능력을 발견합니다. 자기 자신과, 대상에 의해서 영향을 받는 자신을, 구별해 주는 능력, 그것이 이성입니다. 이런 순수한 자기 활력self-activity은 인간의 지식보다 훨씬 우위에 있습니다. 지식도 자기 활력을 지니며, 감각과는 달리 단순히 사물에 대한 직관을 수동적으로 받아들이기만 하는 것은 아니지만, 자신의 활동을 통해 감각에서 생긴 직관들을 자기의 규칙 아래로 옮겨 놓는 역할을 할 뿐이고, 그래서 그 직관들을 하나의 의식으로 통합하는 역할을 할 수 있을 뿐이지, 그 이상의 개념은 만들어 내지 못합니다. 또한 감각을 이용하지 않고서는 생각 자체가 불가능하지요. 이와 달리 이성은 내가 이성 개념이라고 부르는 것에 관해서 순수한 자기-활력을 보여줍니다. 그래서 이성은 감수성이 제공하는 모든 것을 훨씬 초월합니다. 그리고 이성은 감각 세계와 지식 세계를 분별함에, 또한 그것을 통해 지식 자체의 한계를 규정함에 매우 중요한 기능을 제시합니다.

이런 까닭에 이성적인 존재는 스스로 지적인 존재로 여겨야 합니다(인간의 더 낮은 능력에 기댈 게 아니라). 감각 세계에 속하는 존재가 아닌 지식 세계에 속하는 존재로 여겨야 합니다. 그러므로 그는 자신을 평가할 수 있으며 자기 능력을 실행하여 자신의 모든 행동에 관한 법칙을 인식할 수 있는 다음 두 가지 관점을 지닙니다. 첫째, 그가 감각 세계에 속하는 한 그는 자연법칙의 적용을 받습니다(타율성). 둘째, 그가 지식 세계에 속하는 한 자연과는 독립된 법칙의 지배를 받습니다. 이때의 법칙은 경험에 기초하지 않고 오로지 이성에 근거합니다.

이성적인 존재여서 지식 세계에 속하는 인간은 자유라는 이성 개념의 조건이 아니고서는 자기 의지의 원인을 생각할 수 없습니다. 감각적인 세계의 확정적인 원인과는 독립된 것(이성은 언제나 스스로에게 독립성을 부여해야 합니다)이 자유이기 때문입니다. 이제 자유라는 이성 개념은 자율성이라는 개념과 떼려야 뗄 수 없게 연결되어 있으며, 이는 다시 도덕의 보편 원리와 연결됩니다. 그리고 이것이 이성적인 존재의 모든 행위의 이상적인 토대입니다. 마치 자연법칙이 모든 현상의 기초가 되는 것처럼 말이지요.

이리하여 우리가 앞에서 제기한 의심이 사라졌습니다. 그 의심은 이러했지요. 자유에서 자율성까지, 그리고 자율성에서 도덕 법률까지 우리 논증에는 보이지 않은 순환고리가 있기는 있었습니다. 다시 말해 우리는 자유에서 도덕 법률을 추론하지는 않고 도덕 법률 때문에 자유라는 이성 개념을 정했던 것이었습니다. 그리고 다음 순서로 자유에서 도덕 법률을 추론했습니다. 또한 결과적으로 우리는 도덕 법률에 대해 아무것도 근거를 제시할 수 없었습니다. 호의를 베푸는 사람들이 기꺼이 수긍해

줄지는 몰라도 실제로는 그저 미증명된 논점을 전제로 가정해 버린 논리를 제시했을 뿐입니다. 즉, 증명 가능한 명제를 내세우지 못했다는 의심이었습니다.

그러나 이제 우리는, 우리 스스로를 자유롭다고 여긴다면 우리 자신을 지식 세계의 시민으로서 지식 세계로 옮기며 의지의 자율성과 그 자율성의 결과인 도덕을 인식할 수 있지만, 우리가 스스로를 강제적인 양심 구속의 지배를 받는다고 여긴다면 지식 세계에 속하면서도 감각 세계에 속하는 것임을 압니다.

정언명령은 어떻게 가능한가

모든 이성 존재는 자신을 지식 세계에 속하는 지적인 존재로 여깁니다. 지식 세계에 속하는 원인을 의지라고 부릅니다. 다른 한편 그가 행동할 때에는 감각 세계의 일부분이 되며, 이는 지식 세계의 원인인 의지의 한낱 겉모습에 불과합니다. 그런데 그 원인을 잘 모르기 때문에 우리는 원인에서 원인의 현상들이 어떻게 가능한지를 알 수는 없습니다. 그 대신 감각 세계에 속하는 욕망과 성향이라는 다른 현상에 의해 결정됨을 보여줘야 합니다. 그러므로 만약 내가 지식 세계의 시민이기만 한다면, 내 모든 행위는 순수한 의지의 자율성 원리에 완벽히 따라야만 하겠지요. 내가 만약 감각 세계의 일부분이기만 한다면, 내 모든 행위는 당연히 욕망과 성향의 자연법칙, 즉 자연의 타율성을 전적으로 따르게 될 터입니다. (지식 세계에서 도덕이 최고 원리이며, 감각 세계에서는 행복이 최고 원리가 됩니다.) 그렇지만 지식 세계는 감각 세계가 만드는 기초를 포함하며, 결과적으로 그 감각 세계의 법칙들의 기초를 또한 포함하게 됩니다. 따라서 지식 세계는 (전적으로 지식 세계에 속하는) 내 의지에 감각 세계의 법칙을 직접적으로 제공합니다. 따라서 한편으로는 설사 나 자신이 감각 세계에 속하는 존재일지라도, 다른 한편으로는 나 자신을 지적인 존재로서 지식 세계의 법칙을 포함하며, 그러므로 이성의 적용을 받습니다. 지식 세계는 자유라는 이성 개념 안에서 그런 법칙을 갖게 되므로 의지 자율성의 적용을 받게 됩니다. 결과적으로 지식 세계의 법칙들은 나에 대한 명령이며, 내 행위들은 의무로서 그 명령에 따르는 것입니다.

그렇기 때문에 정언명령이 가능해집니다. 자유라는 이성 개념을 통해 나는 지식 세계의 시민이 됩니다. 만약 내가 지식 세계의 시민이기만 한다면야 나의 모든 행위는 언제나 의지의 자율성과 일치하겠지요. 그러나 나는 동시에 감각 세계의 시민이기 때문에, 나의 모든 행위는 자연의 타율성을 따릅니다. 그리고 이 무조건적인 〈해야만 한다〉는 경험 무관한 종합 명제를 나타내 줍니다. 나의 의지는 감각적인 욕망으로부터 영향을 받는다는 점, 이런 의지에 대해 그 자체로 순수하고 실천적인 지식 세계에 속하는 동일한 의지라는 관념이 나의 의지에 더해진다는 점, 더해진 그 의지는 이성을 따르는 최고의 조건을 포함한다는 점을 생각해야 합니다. 감각의 직관에 관해서 스스로 법적 형식 일반을 나타내는 지식의 개념이 더해지는 것입니다. 이런 방식으로 경험 무관한 종합 명제가 가능해집니다. 자연 본성에 관한 모든 인식이 이러한 경험 무관한 종합 명제에 의존합니다.

평범한 인간 이성의 실천적인 용도가 이런 논증을 뒷받침합니다. 아무리 사악한 악당일지라도 그가 다른 점에서는 이성의 사용에 익숙해져 있다면, 우리가 그에게 정직한 사례, 선한 좌우명을 꾸준히 지키는 것, 동정심을 일으키는 사례, 보편적인 자선 사례를 제시했을 때 (그런 사례가 이익과 안위를 크게 희생해야 하는 경우라도) 그 또한 저런 품성을 갖고 싶다고 바라겠지요. 악당의 성향이나 충동만으로는 스스로 그런 소망을 이룰 수는 없습니다. 그렇지만 자신을 짓누르는 그런 성향에서 자유로워지기를 희망할 수 있고, 그런 희망이 그의 생각 속에서 어떤 이주를 보여줍니다. 감수성의 충동에서 자유로운 의지를 지니면서 감각 세계에서 그가 욕망하는 것과는 완전히 다른 사물의 질서로 자신을 옮겨 놓는 이주를 말합니다. 왜냐하면 그런 희망으로는 자기 욕망의 어떤 만족도 얻지 못하고, 실제로 있는 것이든 상상할 수 있는 것이든 자신의 성향을 만족시킬 수는 없기 때문입니다(그런 만족은 간신히 희망을 얻어낸 바로 그 이념의 탁월함을 파괴하겠지요). 그는 단지 자기 인격이 지니는 고유한 가치의 향상만을 기대할 수 있습니다. 그가 지식 세계로 이주할 때 그는 자신의 인격이 더욱 향상되었다고 상상합니다. 그것은 자유의 이성 개념, 즉 감각 세계의 결정원인과는 독립한 이성 개념에 의해 강제된 것입니다. 그리고 이런 관점에서 그는 선한 의지를 의식합니다. 그 자신의 고백을 통해서 이런 선한 의지가 감각 세계의 시민으로서 그가 지니고 있는 악한 의지$^{\text{bad will}}$에 대한 법률이 됩니다. 이 법의 권위는, 그가 이 법률을 위반하고 있음을 인식하도록 하는 권위입니다. 그렇다면 그가 지식 세계의 시민으로서는 도덕적으로 〈해야만 한다〉는 당연히 〈할 것이다〉가 됩니다. 마찬가지로 그가 자신을 감각 세계의 시민으로 여기는 한, 그에게 〈해야만 한다〉로 표현되는 것입니다.

모든 실천철학의 최종 한계

모든 인간은 스스로 의지의 자유가 있다고 생각합니다. 이런 까닭에, 행하지는 않았을지라도, 행해야만 한다는, 그렇게 행위에 대한 판단이 나옵니다. 이러한 자유는 경험에서 나온 개념이 아닙니다. 자유가 경험에서 비롯될 수도 없습니다. 설사 자유라는 가정하에 자유의 필연적인 결과로 여겨지는 것과 반대의 결과를 경험이 보여준다 해도 자유는 여전히 남아있기 때문입니다. 다른 한편으로 실제 일어나는 만물이 자연법칙에 따라 확정적이어야 함은 마찬가지로 필연적인데, 이러한 자연필연성도 마찬가지로 경험적인 개념이 아닙니다. 필연성이라는 작용을 하는 자연필연성도 결과적으로 경험 무관하게 작용하는 것입니다. 그러나 자연이라는 개념은 경험을 통해 확인되며, 경험 자체가 가능하려면, 즉 경험이 보편 법칙에 따라 감각의 대상들에 대한 인식으로 연결되려면, 자연이라는 개념이 필수적으로 전제되어야 합니다. 그러므로 자유는 단지 이성 개념이어서 자유 그 자체가 객관적으로 실재하는지는 의심스럽지만, 자연은 지식의 개념이어서 경험의 사례를 통해 그 실체성을 입증하며 또 필연적으로 입증해야 합니다.

이것으로부터 이성의 모순성이 생깁니다. 의지의 속성인 자유가 자연필연성과 모순된 것처럼 보이기 때문입니다. 이성은 이들 두 개의 길 사이에 위치합니다. 이론적인 목적에서는 자연필연성이라는 길이 자유라는 길보다 훨씬 낫고 훨씬 적절합니다. 그러나 실천적인 목적에서는 자유라는 좁은 길이 우리 행동에서 이성을 이용할 수 있는 유일한 길입니다. 이런 까닭에 가장 평범한 이성을 지닌 사람만큼이나 매우 영민한 철학조차 자유를 버리자고 주장하는 것은 불가능합니다. 이런 점을 생각한다면, 똑같은 인간 행위에 관한 자유와 자연필연성 사이에 어떤 현실적인 모순도 없음을 철학은 가정해야 합니다. 왜냐하면 자유의 개념을 포기할 수 없듯이 자연의 개념도 포기할 수 없기 때문입니다.

우리는 적어도 저 분명한 모순을 확실한 방법으로 제거해야 합니다. 설사 자유가 어떻게 가능한지 우리가 결코 이해하지 못한다 해도 말입니다. 왜냐하면 만약 자유라는 생각이 그 자체로 모순되거나 혹은 자연과 모순된다면, 자연필연성과의 겨루다가 자유를 완전히 포기할 수밖에 없기 때문입니다. 둘 다 똑같이 필연적임에도 말이지요.

그러나 만약 스스로 자유롭다고 생각하는 주체가 자신이 자유롭다고 말하면서, 동일한 행위에 대해서 이번에는 같은 의미나 관계로 자연법칙의 적용을 받는다고 생각한다면 모순에서 벗어날 수 없습니다. 이런 거짓된 모순이 무엇에 기초하는지를 규명하는 것이 이론철학의 피할 수 없는 문제였습니다. 우리가 인간을 자유로운 존재라고 말할 때와 인간을 자연의 일부이자 조각으로서 자연법칙의 적용을 받는 것으로 평가할 때, 우리는 상이한 의미와 관계에서 인간을 생각합니다. 그러므로 이 두 가지는 매우 잘 공존할 수 있을 뿐 아니라, 동일한 주체 안에서 필연적으로 통합되는 것입니다. 그렇게 자유와 자연법칙이 서로 잘 통합되어 있다고 생각하지 않는다면, 이성을 이론적으로 사용했을 때 어째서 이성이 그토록 난처한 모험에 빠지도록 부담을 줬는지 설명할 길이 없습니다. 이론 철학은 실천 철학에 자유로운 길을 열어주기 위해 자유와 자연법칙의 모순을 해결해야 합니다. 철학자라면 분명한 모순을 제거할 것인지 아니면 그냥 그대로 둘 것인지 선택의 여지가 없습니다. 그대로 두는 경우라면 이 문제에 관한 이론은 주인 없는 땅$^{bonum\ vacans}$이 될 터인데, 운명론자가 그 땅을 차지하고서는 권한 없이 들어올 수는 없다며 모든 도덕을 그 영역에서 쫓아낼 것이기 때문입니다. 그러나 아직 실천 철학의 경계에 이르렀다고는 말할 수 없습니다. 저 논란을 해결하는 것은 실천 철학의 영역이라기보다는 혼란스러운 이론적인 불일치의 문제를 끝내야 한다는 이론 이성의 요청이었을 뿐입니다. 이 문제를 해결함으로써 실천 철학이 축조될 터전을 논란거리로 만들려는 외부 공격으로부터 실천철학을 편안히 보호할 수 있습니다.

그런데 평범한 이성도 의지의 자유에 대해 주장합니다. 이성은 감각에 속하는 것과 결과적으로 감수성 일반의 종속되는 원인들, 즉 그저 주관적으로 결정되는 원인들로부터 독립되어 있다고 말이지요. 이런 방식으로 인간은 스스로 지적인 존재로 여깁니다. 따라서 인간은 사물의 질서 안으로 들어가되, 사물의 질서와는 전혀 다른 유형의 근거가 작용하는 관계 속에 위치하는 것입니다. 즉, 인간은 한편으로는 스스로를 의지가 원인으로 작용하는 지적인 존재로 생각하며, 다른 한편으로 감각 세계의 현상으로 자신을 생각하면서(그가 실제로 감각 세계의 현상이기도 합니다), 자연법칙에 따르는 외부 원인의 적용을 받습니다. 이제 그는 곧 두 가지의 유효함을, 아니 동시에 유효해야 한다는 것을 깨닫게 됩니다. (감각 세계에 속하는) 현상을 통해 사물이 어떤 법칙들의 적용을 받게 된다는 것과, 사물 그 자체나 존재 그 자체가 그 법칙으로부터 독립성을 지닌다고 말하는 것은 전혀 모순되지 않습니다. 또한 인간은 두 가지 방법으로 자신을 생각하거나 이해해야 하는데, 첫째 스스로 감각을 통해 영향을 받는 대상임을 의식하고, 둘째 이성을 사용할 때에는 감각적인 영향과는 독립한 존재(달리 말해 지식 세계에 속하는 존재), 즉 지적인 존재로 스스로를 의식하는 것입니다. 이런 말에는 조금도 모순이 없습니다.

그러므로 인간은 욕망과 성향에 속하는 그 어떤 것도 개의치 않는 의지를 소유하는 것이며, 그에게 가능한 행위를, 아니 모든 욕망과 감각적인 성향을 고려하지 말아야만 비로소 행해질 수 있는 필연적인 행동을 생각하게 됩니다. 행위에 관한 이런 원인과 결과의 관계가 필연성으로서 지적인 존재인 인간 안에 있으며, 지식 세계의 원리들을 따르는 법칙 안에 있지요. 지식 세계에서는 감각으로부터 독립한 순수 이성만이 홀로 법칙을 제공합니다. 인간의 올바른 자아는(자아의 현상으로만 존재하던 인간이) 지적인 존재로서 오직 지식 세계 안에 있는 것이며, 지식 세계의 법칙들이 인간에게 직접적이고 무조건적으로 영향을 미치게 됩니다. 그래서 성향과 욕구에 의한 선동(다시 말하면 감각 세계의 자연 본성 전체)은 지적인 존재로서 그가 자기 의지력으로 받아들이는 법칙들을 훼손할 수 없습니다. 아니, 자연 본성의 선동에 대해서는 그 스스로 책임이 없거나, 그런 선동으로 말미암아 그의 올바른 자아, 즉 의지를 탓하지도 않습니다. 만약 자연 본성의 선동이 자기 좌우명에 영향을 미치도록 방치함으로써 저 의지의 이성 법칙을 훼손했다면, 그 까닭은 그저 선동에 굴복한 자기 의지의 방종 탓입니다.

실천 이성이 지식 세계 안으로 들어가는 것은 자신의 한계를 넘는 일이 아닙니다. 그러나 실천 이성이 직관이나 감각을 통해 지식 세계 안으로 들어가려고 한다면 자신의 한계를 넘습니다. 실천 이성은 감각 세계에 대해 부정적인데, 감각 세계가 이성에 어떤 법률도 제공하지 않기 때문이지요. 소극적인 특성의 자유가 어떤 (적극적인) 능력과 결합할 때, 그리고 의지라고 불리는 이성적인 원인과 결합할 때에만 실천 이성은 적극적이 됩니다. 행동의 원리가 이성적인 동기, 즉 좌우명이 보편 타당한 법률이 되도록 행동하게 하는 능력과 결합하는 것입니다. 그러나 이성이 의지의 대상, 즉 동기를 지식 세계에서 빌려온다고 가정해 보지요. 그렇다면 실천 이성은 자신의 경계를 넘게 됩니다. 자기도 모르는 것을 아는 척 하는 것이지요. 이성이 스스로 실천적으로 여기려면 현상 바깥에서 자기 모습을 취하는 것뿐이라는 관점인데, 감수성의 영향이 인간에게 결정적인 힘을 행사한다면 이성이 스스로를 실천적으로 여기는 일은 불가능해집니다.

그렇지만 이성이 스스로를 실천적으로 여기는 것은 반드시 필요합니다. 그가 스스로를 지적인 존재이자 이성에 의해 활력을 얻는다는, 즉 그가 자유롭게 작용하는 이성적인 원인을 의식한다는 것을 부정당하지 않으려면 말이지요. 이런 생각은 감각 세계에 속하는 자연의 메커니즘과는 상이한 법의 질서와 시스템이라는 관념을 반드시 낳게 되는데, 즉 지식 세계라는 개념이 필요해지는 것입니다(다시 말해 사물 그 자체로서 이성적인 존재의 총체). 그렇지만 이런 이야기들이 우리에게 지식 세계의 형식 조건 이상으로 지식 세계를 생각할 권한을 주지는 못합니다. 형식 조건이란 법으로서 의지의 좌우명이 지니는 보편성을 뜻하며, 결과적으로 의지의 자율성을 의미합니다. 그것만이 의지의 자유에 맞습니다. 이와 반대라면 타율성을 낳고, 대상으로 하여금 타율성을 제공하도록 하는 모든 법은 그저 자연법칙과 조우해서는 감각 세계에만 적용될 수 있을 뿐입니다.

그런데 만약 순수 이성이 어떻게 실천적일 수 있는지를 이성에게 설명하게 한다면, 그때 이성은 자신의 능력 범위를 넘어설 것입니다. 이는 자유가 어떻게 가능한지를 설명하는 것과 정확히 같은 문제이기도 합니다.

왜냐하면 우리는 경험으로 주어질 수 있는 대상을 법칙으로 환원할 수 있는 정도로만 설명할 수 있기 때문입니다. 그러나 자유란 그저 이념에 불과해서 자연법칙에 따라 증명될 수 없는 것이며, 따라서 어떤 경험으로도 보여줄 수 없습니다. 어떤 경험 사례나 어떤 유사한 관계로도 자유를 뒷받침할 수 없기 때문에 자유는 파악된다거나 이해될 수는 없는 것입니다.

자유라는 것은 그저 이성의 필연적인 전제일 뿐이며, 이런 전제는 단순한 욕망과는 구별되는 능력(즉, 지적인 존재로서, 달리 말해 자연적인 본능과는 독립한 이성의 법칙을 통해 스스로 행동하기를 결정하는 능력)인 의지를 의식한다고 믿는 존재 내부에서 일어납니다. 자연법칙에 따른 결정이 멈춘 곳에서는 모든 설명도 그치고 이제 변론만 남습니다. 사물의 본성을 더 깊이 꿰뚫어 보는 척하는, 그래서 무모하게 자유는 불가능하다고 선언하는 자들의 반박을 없애는 것입니다. 우리는 단지 그들이 발견했다는 이른바 모순은 인간 행위에 자연법칙을 적용할 수 있도록 하려다가 인간을 현상만으로 고려함으로써 생긴 잘못이라고 지적할 수 있습니다. 인간을 사물 그 자체인 지적인 존재로 생각해야만 한다고 그들에게 요구했을 때조차, 그들은 고집스럽게 인간을 현상으로만 생각했습니다. 동일한 주체(즉, 인간의 의지)의 원인으로는 감각 세계의 모든 자연법칙이 적용되지 않는다고 생각한다면 필경 모순일 터입니다. 하지만 현상의 배후에는 그들의 뿌리에 (비록 숨겨져 있지만) 사물 그 자체가 또한 있어야 한다는, 그리고 현상을 지배하는 법칙이 그 현상의 뿌리에 있는 사물 그 자체의 법칙과 같지는 않다는, 이런 합리적인 지적을 그들 스스로 곰곰이 따져보고 인정하기만 해도 저 모순은 사라집니다.

의지의 자유를 주관적으로 설명하는 것이 불가능한 것처럼 마찬가지로 도덕 법률에 대해 인간이 지닐 수 있는 관심[R]을 발견하고 설명하는 것은 불가능합니다. 인간은 실제로 도덕에 관심이 있습니다. 그것이 우리 안에서 도덕 감정이라고 부르는 것의 근거가 됩니다. 그런데 어떤 이들은 도덕 감정을 도덕 판단의 기준으로 잘못 임명하기도 하지요. 그렇지만 도덕 감정은 오히려 도덕 법률이 의지에 작용한 주관적인 결과로 보아야 합니다. 오직 이성만이 개관적인 원리를 제공합니다.

> R 칸트주석
> 관심을 통해 이성은 실천적이 됩니다. 즉 의지를 결정하는 원인이 됩니다. 따라서 오로지 이성적인 존재만이 사물에 관심을 가질 뿐이고 비이성적인 존재는 감각적인 욕구를 느낄 뿐입니다. 이성의 좌우명이 보편 타당성을 지니는 것만으로 의지를 결정하기에 충분한 경우에만 그 이성은 행동에 직접적인 관심을 가집니다. 그런 관심 자체는 순수합니다. 그러나 그런 관심이 다른 욕망에서 나온 목적이나 주체의 특정 감정의 부추김을 통해 의지를 결정한다면 이성은 단순히 행동에 간접적인 관심을 가진 것이 됩니다. 게다가 이성이 경험에 기대하지 않고 그 자체로 의지의 목적이나 의지의 특별한 감정을 구현하는 무언가를 찾는 것은 불가능하므로 간접적인 관심은 오로지 경험적이며 순수한 이성적 관심은 아닙니다. 이성의 논리적 관심은 (한편으로는 이성의 통찰이라고도 볼 수 있는데) 결코 직접적인 관심이 아니며 이성이 작용할 의도를 전제로 합니다.

이성적인 존재는 감각의 영향도 역시 받습니다. 오직 이성이 그들로 하여금 바라야만 한다고 지시하는 것을 정말로 이성 존재가 바라도록 하려면, 의무를 수행할 때 쾌의 감정이라거나 만족감을 주입하는 힘을 이성이 지녀야 합니다. 이는 아주 필수적이지요. 다시 말하면 이성이 자신의 원리들에 따라 감수성을 결정하는 원인이 돼야 한다는 말입니다. 그러나 감각적인 것은 아무것도 포함하지 않는, 그저 생각에 불과한 것이 어떻게 쾌나 불쾌의 감각을 스스로 만들어낼 수 있을까요? 이를 알아내는 것, 즉 이를 경험 무관하게 이해하는 것은 아주 불가능합니다. 왜냐하면 다른 모든 인과성처럼 경험 무관한 것에 대해서는 무엇이든 아무것도 우리가 밝힐 수 없기 때문이며, 단지 오직 경험에 문의해야 하기 때문입니다. 그러나 경험은 두 개의 경험 대상 사이의 인과관계가 아니라면 어떤 인과관계도 우리에게 제공해 주지 못합니다. 그런데 이 문제에서 만들어진 결과는 확실히 경험적입니다. 허나 그것의 원인은 순수 이성으로 되어 있습니다. 경험으로는 어떤 대상도 제공하지 않으며 그저 이성 개념을 통해서 역할을 하는 그런 순수 이성 말입니다. 따라서 법률로서, 즉 도덕으로서 좌우명의 보편성이 어떻게 관심을 끌며 어째서 관심을 가지게 되는지 설명하는 것은 우리 인간에는 전적으로 불가능하다는 이야기입니다.

다만 이것만은 분명합니다. 도덕 법률이 우리의 관심을 끌기 때문에 우리에게 타당한 것이 아니라(그건 타율적인 것이지요. 그리고 실천 이성이 감수성, 즉 감수성의 원리인 감정에 의존하는 것이어서 이 경우 실천 이성은 도덕 법률을 제공할 수는 없습니다), 도덕 법률이 우리 인간에게 타당하기 때문에 우리의 관심을 끈다는 점입니다. 도덕이란 지적인 존재인 우리 의지 안, 즉 올바른 자아 안에 근원을 둔다는 점을 생각해서도 그러합니다. 단지 현상에 속하는 것은 이성에 의해 필연적으로 사물 그 자체의 본성에 종속됩니다.

그렇다면 〈정언명령은 어떻게 가능한가〉라는 질문은 이런 정도로는 답할 수 있겠습니다. 우리는 정언명령을 가능하게 하는 유일한 전제, 즉 자유라는 이성 개념을 제시할 수 있습니다. 그리고 우리는 이 전제의 필연성을 알아낼 수 있습니다. 이 전제는 이성을 실천적으로 사용하는 것, 즉 정언명령의 타당성을 확신하기에 충분합니다. 그러므로 도덕 법률의 타당성을 확신하기에도 충분하지요. 그렇지만 이 전제 자체가 어떻게 가능한지 인간 이성으로서는 결코 알아낼 수 없습니다. 그런데 지적인 존재가 지니는 의지는 자유롭다는 전제에서, 의지의 자율성은 의지가 결정할 때의 핵심적인 형식 조건이며 필연적인 결과입니다. 게다가 의지의 자유는 이론 철학이 보여줄 수 있는 전제로서도 가능해집니다(감각 세계의 현상과 연결되는 자연필연성의 원리와는 어떤 모순도 포함하지 않습니다). 그뿐 아니라 이성에 의한 인과성, 즉 의지(욕망과는 구별되는)를 의식하는 이성적인 존재라면 의지의 자유를 실천적으로, 즉 머릿속에서 그의 모든 자발적인 행위의 조건으로 항상 생각해야 합니다.

그러나 다음과 같은 질문들에 대해 설명하는 것은 인간 이성의 능력 밖입니다. 어딘가에서 유래되는 어떤 다른 동인도 없이 어떻게 순수 이성 스스로 실천적이 될 수 있는지, 다시 말하면, 사전에 관심을 가질 만한 의지의 어떤 내용(대상)도 없이 법률로서 어떻게 모든 좌우명의 보편타당성의 단순 원리(확실히 순수 실천 이성의 형식입니다)만이 스스로 동인을 낳을 수 있는지, 또한 순수하게 도덕적이라 불리는 관심은 또 어떻게 불러내는 것인지, 혹은 달리 말해서 어떻게 순수 이성이 실천적이 될 수 있는지를 설명한 것은 전적으로 인간 이성의 능력 밖입니다. 이런 질문에 대해 설명을 구하려는 노력과 수고는 모두 헛됩니다.

자유 자체가 어떻게 의지의 원인으로 가능한지 알아내려는 노력도 마찬가지입니다. 그렇다면 나는 철학적인 설명의 근거를 마련하는 것을 그만둬야 하겠고, 그것을 근거로 해서 다른 설명도 못하겠군요. 나는 내게 여전히 남아 있는 지식 세계에 열광할지도 모르겠습니다. 설사 잘 만들어진 지식 세계라는 관념이 내게 있기는 해도, 나는 여전히 지식 세계에 대해 아무것도 알 수 없으며, 내 이성의 타고난 능력을 모두 사용해서도 그런 지식을 얻을 수도 없습니다. 그 세계는 내 의지가 작동하는 원리들에서 감각 세계에 속하는 모든 것을 제거할 때 남게 되는 무엇인가를 나타낼 뿐입니다. 이러한 무엇인가는, 감수성의 영역에서 가져 온 동기들의 원리에 대한 경계 역할만 하며, 감각 세계의 한계를 확정해줍니다. 이러한 무엇인가는, 감각 세계 안에 모든 것이 포함되어 있지는 않다며 감각 세계 바깥에는 더 많은 것이 있음을 보여줍니다. 하지만 이 더 많은 것에 관해서 나는 더 이상 알지는 못합니다. 이와 같은 관념 세계의 얼개를 만들어내는 순수 이성에서 모든 내용, 즉 대상들에 대한 인식을 빼고 나면 단지 형식만 남게 되지요. 그것이 바로 좌우명들의 보편 타당성에 관한 실천 법률입니다. 이는 의지를 규정하는 요인, 즉 가능한 작용원인으로서 순수 지식 세계에 관한 이성의 개념과 일치합니다. 여기서 감각 세계의 동인은 철저하게 제외되어야 합니다. 지식 세계라는 이러한 관념 자체가 동인이 되겠거나, 그게 아니라면 이성이 애초부터 관심을 갖는 것이 되겠지요. 그런데 이를 이해되도록 설명하는 작업은 우리가 풀 수 없는 숙제입니다.

여기가 바로 모든 도덕 탐구의 최대 한계입니다. 이 한계를 밝히는 것은 매우 중요한 의미가 있습니다. 한편으로는 이성이 감각 세계 안에서, 도덕에 해로운 방식으로, 최고의 동기를 찾는다는 둥 그리고 이해힐 수는 있어도 경험적인 관심을 구하는 둥 이리저리 헤매지 않도록 하기 위함입니다. 다른 한편으로는 우리가 지식 세계라고 부르는 초경험적인 개념이 만들어 낸 (이성을 위해) 비어 있는 공간 안에서 불가능한 생각들에 휩싸여 무기력한 날갯짓을 하지 않도록 하기 위함입니다. 그 밖에 관해서는 이러합니다. 모든 지적인 존재들의 시스템으로서 순수 지식 세계라는 관념은, (설령 마찬가지로 우리가 다른 측면에서는 감각 세계의 시민이 되기도 하지만) 우리 자신이 이성적인 존재로서 소속되는 관념입니다. 이런 순수 지식 세계라는 관념은 이성적인 신념을 위해서라도 언제나 유용하고 합당합니다. 설사 모든 지식에 한계가 있어도 유용합니다. 즉, 그들 자체가 (이성적인 존재들이) 보편적인 목적의 왕국이라는 고귀한 이상으로 여겨짐으로써 우리 안에서 도덕 법칙에 대해 생생한 관심을 갖도록 해줍니다. 그저 신중하게 자유의 좌우명에 따라 우리 스스로 행동할 때 우리는 목적의 왕국에 거주하는 시민이 됩니다. 마치 자유의 좌우명이 자연법칙인 것처럼 말이지요.

맺음말

맺음말

자연에 관해 이성을 이론적으로 사용하면 자연 세계의 최고 원인의 절대적인 필연성을 이끌어 냅니다. 자유에 관한 관점으로 이성을 실천적으로 사용하면 마찬가지로 절대적인 필연성을 낳습니다. 다만 그것은 이성적인 존재의 행위에 관한 법률의 필연성입니다. 그 필연성을 자각하는 데까지 어떤 방식으로 사용되든 이성 인식을 밀어붙이는 것이 이성의 핵심 원리입니다(그렇지 않다면 이성적인 인식이 되지 못할 터입니다). 또한 이성에는 마찬가지로 핵심적인 제한도 있습니다. 그것이 무엇이든, 무엇이 발생하는 것이든, 무엇이 발생해야만 하는 것이든, 각각 어떤 조건을 가정하지 않고서는, 각각의 필연성을 알 수 없다는 제한입니다. 그러나 이런 방법에서는 그 조건을 항상 탐구해야 하기 때문에 이성이 만족할 만한 결과가 계속 연기될 뿐입니다. 이런 까닭에 이성은 무조건적인 필연성을 끊임없이 찾습니다. 그리고 설사 이성 자신을 납득시킬 방법이 없더라도 그런 무조건적인 필연성을 전제할 수밖에 없음을 알게 됩니다.

만약 이런 전제를 수긍할 수 있는 개념을 발견할 수만 있다면야 그것만으로도 충분히 행복한 일이지요. 그러므로 우리로 하여금 (가령 정언명령이 당연히 그래야 하는) 무조건적인 실천 법률의 절대적 필연성을 생각할 수 없도록 한 것은 도덕의 최고 원리에 관한 우리 추론의 잘못이 전혀 아닙니다. 인간 이성 일반에 대해 누구가는 해야만 하는 고발 때문입니다. 어떤 조건으로, 말하자면 어떤 관심을 근거로 대면서 이런 필연성에 대해 설명하기를 거부했다고 해서 비난할 수는 없습니다. 그때 조건과 관심에 근거를 두는 법률은 이성의 최고 법률이기를 포기하기 때문입니다. 그러므로 우리가 도덕명령의 실천적이며 무조건적인 필연성을 이해하지는 못하지만, 우리는 이 이해 불가능성을 이해는 합니다. 이것이 도덕의 원리를 인간 이성의 바로 그 한계까지 가져가느라 애쓴 철학에 대해 공정하게 요구할 수 있는 전부입니다.

편집여담

독자를 위해
이 책의 기획과 편집 작업을 함께한
편집자들의 대화를 싣는다.

독자 여러분 무사히 다 읽으셨나요? 고생하셨습니다. 아직 읽기 전이라고요? 네, 편집여담을 읽으신 다음에 칸트의 책을 읽어도 괜찮습니다. 칸트와 함께 여행하는 윤리학의 세계에서 모든 여정을 독자가 마쳤다고 가정하면서 두 편집자가 이야기를 나눕니다.

마담쿠: 이걸 어떻게 설명해야 할까요? 유죄 판결을 받고 아주 오랜 세월 동안 감옥에 갇힌 수감자가 있는데, 갑자기 무명의 탐정들이 나타나 무죄를 주장하며 재심을 신청한 것? 제 비유가 좀 이상한가요? 물론 '칸트 철학' 얘기죠. 칸트는 읽으면서도 무슨 말인지 알 수 없는 난해한, 아주 난해한 철학의 대명사잖아요? 난해한 죄를 짓고 소수의 애호가들만 즐기는 '오컬트 감옥'에 갇힌 사람. 그게 우리가 흔히 생각하는 칸트였는데. 그런데 이 책은 갑자기 나타나선 "그렇지 않아요. 칸트는 난해하지 않습니다."라고 변호하고 있단 말이죠. 특별히 칸트주의자를 자청하시면서 변론을 맡은 사람 입장으로 이야기를 시작해 보죠. 어때요 이 변론, 어려웠죠?

코디정: 네. 어려웠어요. 처음 이 기획을 할 때부터 쉬운 일이라고는 생각하지 않았어요. 하지만 막상 작업에 착수하고 보니, 이 변론은 그저 칸트를 변호하는 문제가 아니었어요. 도대체 이 오컬트 감옥의 정체가 무엇인지, 어째서 칸트가 이곳에 수감되었는지, 그리고 이 시설의 탈출 경로가 어떻게 되는지까지, 모든 것이 한데 복잡하게 얽혀 있

는 것처럼 보였는데, 또 자세히 들여다보면 저마다 독립된 문제처럼 보였어요. 이 모든 것을 해결하지 않으면 변론은 성공하지 못할 것 같았어요. 하지만 이런 정도의 결론에는 도착할 수 있었던 것 같아요. 〈칸트는 난해한 철학자가 아니다〉 이 결론은 오컬트 감옥과는 무관한 칸트 사상 자체의 문제이기 때문입니다.

마담쿠: 그러면 그 결론의 근거를 이야기한 다음에 '오컬트 감옥의 얽힌 문제'를 하나씩 풀기로 하죠. 도대체 칸트가 이 책을 통해 말하려는 것은 무엇이었습니까? 윤리학이나 도덕철학이라고 하면 될 것이지, 어째서 굳이 '형이상학'이라는 단어를 써서 '도덕 형이상학'이라는 말을 붙였던 걸까요? 칸트가 해명을 했기는 해도 모호한 느낌이 들어요. 도덕이 무얼 뜻하고, 형이상학이란 대체 뭔가요?

코디정: 그런 질문에 대한 답이 바로 이 책 한 권인 걸요? 독자를 위해 간단하게 답해 보지요. 도덕은 인간의 바람직한 행동에 관한 기준을 뜻하고, 실천철학이라고도 칭해집니다. 형이상학은 불변의 진리를 탐구하는 학문을 뜻하고요. 이걸 결합하면 〈인간의 행동에 관한 불변의 기준을 탐구하는 학문〉이라는 의미가 나타나고, 그것이 바로 도덕 형이상학이며, 이 책의 핵심 내용입니다. 칸트도 서문에서 그렇게 시작하고 있어요. 그런데 사람의 행동의 옳고 그름을 따지는 단어로 법(law)이 있잖아요?

마담쿠: 네. 법률이나 법칙으로 번역되는 이 단어. 그렇다면 법과 도덕은 무슨 관계일까요?

코디정: 칸트 입장으로 본다면 도덕과 도덕법은 명확히 구별되어야 해요. 도덕은 〈인간의 행동에 관한 기준〉이었잖아요? 그런데 이건 사람마다 다를 수 있어요. 마담쿠에게 도덕적인 것은 코디정에게 도덕적이지 않을 수 있고, 마찬가지로 코디정이 도덕이라고 생각하는 게 마담쿠에게는 도덕적이지 않을 수도 있어요. 하지만 '법'이라는 단어를 넣으면 달라져요. 중력의 법칙이 코디정에게만 작용하고 마담쿠에게는 작용하지 않는 게 불가능한 것처럼 말이지요. 도덕법(moral law)은 〈인간의 행동에 관한 불변의 기준〉이고요. '불변의'라는 단어가 추가되었어요. 그래서 도덕법은 '보편적인 법률(universal law)'이 되어야 한다는 것이고, 다른 번역어로는 '도덕법칙'이 되는 겁니다. 도덕법이나 도덕법률이나 도덕법직이나 모두 같은 moral law의 번역어입니다. 그렇다면 도덕 형이상학은 보편적인 도덕법(도덕법칙)이 무엇인지 밝혀내는 학문이 되는 거고요.

마담쿠: 좋아요. 하기야 누군가에게는 적용되고 누군가에게는 적용되지 않는다면 그걸 법이라고 말할 수는 없겠죠. 도덕과 도덕법이 다르다, 그리고 도덕법을 탐구하는 게 도덕 형이상학이다, 라는 정도까지는 수긍할 수 있겠어요. 쉽게 이해할 수 있는 간명한 논리처럼 느껴져요. 하지만 도덕 형이

상학의 뜻을 알겠다는 문제와, 실제로 '불변의 기준'이라는 게 과연 존재하느냐의 문제는 별개잖아요? 만약 '불변의 기준'이라는 것을 제시하지 못한다면, 도덕 형이상학은 말뿐인 학문에 불과하고요. 어때요? 제가 지적한 이 두 가지 문제의 차이를 독자들이 발견할 수 있을까요? 만약 이걸 잘 분리해놓으면, 그다음부터는 칸트가 어떻게 불변의 기준, 즉 보편적인 도덕법을 찾아내는지, 그리고 그런 과정에서 무엇과 논쟁하는지 보일 것 같아요. 독자들이 과연 칸트가 찾아낸 도덕법에 동의할지는 나중에 다시 다루기로 하고요. 칸트가 결론에 이르는 과정을 다시 한 번 자세히 살펴보도록 하죠.

코디정: 네. 인간의 행동은 허파나 엉덩이가 아니라 머리가 일으키는 작용이잖아요? 그렇다면 인간의 행동을 이해하기 위해서는 머리 안쪽에 들어가봐야 합니다. 다시 말해 인간 행동의 기준은 허파나 엉덩이가 아닌 머리에 있을 거란 말이지요. 그런데 인간 머리 안에서 행동의 원인을 찾으면, 금세 변화무쌍한 생각들이 아주 다양하게 나타납니다. 사람마다 생각이 다르니까요. 그걸 다시 자세히 관찰하면 사람들의 개인적인 성향이나 경험이 저마다 다르니까 생각도 달라질 수밖에 없다는 사실에 도착하지요. 그런데 성향이나 경험은 인간에게 반드시 존재하는 요소잖아요? 결국 이런 관찰 결과를 보건대 인간의 머릿속 변화는 반드시 나타날 수밖에 없고, 그래서 불변의 기준 같은 건 보이지 않는단 말이에요. 이런 식이라면 도덕 형이상학이

말하는 불변의 기준은 도무지 실체가 없고, 도덕 형이상학은 말뿐인 철학 같은 느낌이 들어요. 사실 여기까지가 데이비드 흄 같은 영국 사상가들의 관점이에요. 형이상학은 부정될 수밖에 없는 것처럼 보여요. 하지만 칸트는 그런 성향이나 경험까지 모두 제외해 보자는 거예요. 차이를 일으키는 것을 제외하고도 남는 것은 정말 없느냐고 묻습니다. 차이를 모두 없애 봐도 인간의 머리 자체는 남잖아요? 그게 바로 이성이고요. 경험적인 이성도 있으니까 그것조차 빼내면 남는 게 바로 '순수 이성'입니다. 여기까지 독자들이 이해할 수 있을까요?

마담쿠: 네. 이해하지 못할 논리는 아녜요. 하지만 그것만으로는 〈칸트는 난해한 철학자가 아니다〉라는 결론에는 동의하기 어려울 거예요. 더 쉽게 결론을 말한 다음에 이야기를 이어가는 게 좋을 듯해요. '이성reason'의 의미를 모르는 독자가 사실 많잖아요? 이런 상태에서 '순수 이성'이라고 하면 의미가 아주 모호해지고 말아요. 사전에서 정의하는 이성의 의미 자체가 어렵기 때문이기도 하고요. 이성을 쉽게 정의해 보죠. 사전이 뭐라고 설명하든, 이성은 결국 '새로운 생각을 해내는 능력', 이렇게 풀어볼 수 있잖아요? 그런데 그런 능력이 작동하려면 머릿속에 기존 지식이 있어야 가능하잖아요? 기존 지식이라는 게 모두 경험을 통해 생겨나는 것이고, 그런 경험조차 완전히 빼내고도 남는 이성, 그걸 칸트는 '순수 이성'이라고 말했는데, 좀 과격하게 말하자면 머릿속 빈껍데기? 이게 정

말 텅 비어 있는 것인지, 아니면 뭔가라도 생각을 만들어 내는 것인지는 더 따져봐야 하겠지만, 일단 저자의 주장에 따라 그 실체는 있다고 보고 이야기를 진전시키지요.

코디정: 네. 순수 이성은 모든 인간이 동일하게 갖고 있는 이성을 말해요. 성향이니 경험이니 하는 모든 내용을 다 빼냈으니까 지적하신 대로 빈껍데기만 남습니다. 그걸 철학에서는 '형식'이라고 불러요. 그리고 〈인간의 행동에 관한 불변의 기준〉을, 결국 도덕법을 이 '순수 이성의 형식'에서 찾아야 한다고 칸트는 주장합니다. 그래서 칸트는 이 책 서문에서 학문의 분류로 논리학을 설명했던 거예요. (도덕) 형이상학을 탐구하려면 '생각의 형식에 관한 학문'인 논리학을 알아야 한다고 칸트가 넌지시 말하는 건데, 이게 한국 독자들에게 잘 전해지지 않는다는 문제를 우리가 발견했지요. 이 책 서문에서 도덕 형이상학의 열쇠가 논리학이라고 알려줬는데, 그 열쇠가 당황스러웠던 거지요

마담쿠: 네. 우리가 논리학을 잘 모르니까요. 독자를 위해서 제가 모험을 해 본다면, '머릿속 빈껍데기' 이론이 논리학이라는 거겠죠? 머릿속에서 내용을 다 빼고 남은 빈껍데기가 텅 빈 공간처럼 보여도 실은 어떤 단순한 원리가 있고, 그것을 설명하는 게 논리학이다, 정도로 이해할 수 있을 것 같아요. 그런데 이 빈껍데기는 모든 인간의 머릿속에서 공통적으로 남아 있는 것이니, 그게 순수이며

경험 무관이며 하는 이야기가 되는 거고요. 비유해서 말하면, 아직 인테리어와 가구와 살림살이가 없는 빈집이라도 바닥, 벽, 지붕이 제각각 기능을 하는 것처럼, 머릿속 빈껍데기에서도 뭔가가 있어서 기능을 한다, 그런 이야기지요?

코디정: 네 그렇습니다. 그 머릿속 빈껍데기의 뭔가가 바로 단어와 문장인데, 이런 것들이 나타나고 연결되는 기능은 모든 인간에게 공통적이고, 그걸 탐구하는 게 논리학이 됩니다. 그런데 경험을 모두 빼버렸으니까 머릿속에는 경험을 통해 습득하는 단어는 아예 없을 거예요. 그렇다면 대체 뭐가 있을까요? 이 부분에 대해서는 칸트가 〈순수이성비판〉에서 자세히 해명하기는 해도, 우리가 거기까지는 다룰 수 없잖아요. 쉽게 요약하자면 칸트는 문장의 형식만 남는다고 말해요. 그걸 논리학에서 판단 형식이라고 해요.

마담쿠: 자, 방금 전 이야기로 돌아가서요. 〈인간의 행동에 관한 불변의 기준〉을 논리학에서 찾아야 한다면, 그게 단적으로 무엇일까요? 불변의 기준은 이제 판단 형식이 되었어요. 어떤 판단 형식일까요?

코디정: 그게 바로 '명령문'입니다. 도덕법이 있다면 그 법에 따라 어떤 행동을 '해야만' 하니까, 그런 의무가 생기려면 머릿속에 명령문이 있어야 합니다. 그 빈껍데기 속 명령문이 바로 도덕법이라는

건데요. 이게 좀 이상하게 들리지만, 사실 이런 식의 주장밖에 남아있는 게 없어요. 아까 말한 것처럼, 도덕법은 보편적이어야 하잖아요? 그러므로 마담쿠의 도덕법과 코디정의 도덕법과 독자들의 도덕법은 같아야 합니다. 그런데 상식적으로 마담쿠와 코디정과 독자들은 모두 다른 사람들이에요. 성향도 기질도 경험도 지식도 가치관도 몽땅 다릅니다. 이런 차이에도 불구하고 우리가 같아질 수 있는 것은 (1) 인간이라는 사실, (2) 내 행동은 내가 하는 거라는 사실, (3) 빈껍데기 머릿속에는 생각을 만들어 내는 순수 이성이라는 게 있다는 사실 정도입니다. 칸트는 이 세 가지 사실로 도덕법으로 인정될 수 있는 명령문을 제시합니다. 그것이 바로 무조건적인 명령문, 즉 〈정언명령〉입니다. 사실 이 책에 담겨 있는 칸트의 핵심 주장의 흐름은 이런 윤곽으로 이해돼요. 이런 논리에 살을 붙여가면 '도덕 형이상학'이 나타납니다.

마담쿠: 좋아요. 그게 사실상 칸트가 말하려는 핵심 주장의 대강이라면 칸트가 쉽다는 결론을 납득해 보려고 해요. 쉬움에도 어느 정도 인내심이 필요하다는 조건을 붙여놓겠어요. 하지만 아직 우리는 오컬트 감옥에 대해서는 말하지 않았어요. 도대체 이 오컬트 감옥의 정체가 무엇인지, 어째서 칸트가 이곳에 수감되었는지, 그리고 이 시설의 탈출 경로가 어떻게 되는지까지 이야기를 한 다음에, 다시 책을 펼치면서 칸트가 말하는 정언명령이 무엇인지를 살펴보기로 해요. 이 오컬트 감옥의 정

체는 한국어 감옥입니다. 칸트 책은 왜 이럴까요? 처음 번역본을 읽으면서 한국어로 쓰였고 우리말 단어들이자 우리말 문장인데 도무지 의미를 알 수 없었어요. 다른 칸트 책은 더욱 심하고요. 이게 한국어가 맞나? 아니, 칸트가 이 정도로 난해한 사상가였어?(아, 이런 의문은 이제 배제해야겠어요) 칸트를 의심할 수는 없고, 독자의 지적 수준을 의심할 수 없다면, 도대체 이 감옥은 무엇이죠? 이 언어의 정체는 무엇일까요? 칸트는 어째서 이곳에 수감되어 있는 건가요? 이 오컬트 감옥을 조사하고 탐구한 성과를 코디정이 책으로 출간하기도 했잖아요?

코디정: 네. 이 책을 번역하고 편집하는 작업 속에서 발견한 이 언어 감옥의 실태와 그 실상을 조사하는 탐험은 계속 번져갔어요. 〈순수이성비판〉을 읽어야만 했고, 논리학을 궁구하기도 했고, 이런저런 논문도 읽어야 했어요. 그런 작업 끝에 〈괘씸한 철학 번역〉이라는 이름의 언어 탐험기를 책으로 발간했던 건데요… 철학책이 한국어로 쓰였지만 한국어처럼 느껴지지 않는 까닭은 명사 때문입니다. 난해하고 복잡한 문장을 풀어서 알아보기 쉽게 교정하더라도 명사의 견고한 벽에 부딪히고 말아요. 그게 철학 독서의 진짜 어려움이지요. 그런데 칸트 번역에 쓰인 대부분의 명사는 과거 일본 학자가 발명하고 만들어 낸 단어들이거든요. 오랜 세월 일본 학자에게서 철학을 사사한 한국 학자들이 그걸 의심하지 못하고 그대로 한국인에게 보급

했고, 나쁜 화폐가 좋은 화폐를 몰아내는 것처럼, 나쁜 번역어가 좋은 단어를 쫓아내 버린 상태가 된 것이죠. 철학은 기존 권위에 대한 비판 정신이어야 하잖아요? 그런데 이게 웬걸. 우리나라에서는 잘못된 권위에 비판하는 철학이기는커녕 그걸 무슨 대단한 매뉴얼처럼 암기하고 권장하다 보니 자발적으로 '오컬트 감옥'이 만들어진 셈이죠. 그리고 그 감옥에 칸트를 가두고 본인들도 자발적으로 수감된 다음에 아주 만족해하는 상황, 이게 지금 우리나라의 칸트 철학이라고 비평한다면 대체로 맞는 이야기가 아닐까 생각해요. 희극인지 비극인지 모르겠어요. 자, 그렇다면 이 시설에서 벗어날 수 있는 탈출 경로가 무엇이겠어요? 길은 뻔합니다. 한국인이 사용하는 평범한 우리말로 철학 용어를 다시 탐색하는 것입니다. 예를 들어 '준칙'이나 '격률'이 아니라 '좌우명'으로 바꾸고, '질료'를 '내용(재료)'으로, '오성'을 '지식'으로, '예지계'가 아니라 '지적인 세계'로 바꾸면 됩니다. 그런데 이런 사소한 결단도 철학계는 못해요. 족쇄가 커리큘럼이고, 학계 자체가 거대한 감옥이기 때문입니다. 물론 죽은 칸트에게는 모욕이요, 살아있는 독자들에게는 고통입니다만…

> 마담쿠: 출판사는 책을 만들어 그 책을 독자에게 권유하잖아요. 이런 일련의 작업을 처방이라고 표현해 보면요. 저희의 본심은 달콤한 맛의 책을 처방해 드리고 싶었지만, 실제로는 쓴맛의 책을 처방한 모양새가 되었어요. 좋은 약은 쓰다는 옛말이

있기는 해도, 본심은 아니었단 말이죠. 약을 먹는 게 고통이라니, 마음 한 켠 미안함 생각이 들어요. 그래도 쓴맛을 줄이는 감초를 넣기 위해 애썼단 말이죠. 번역을 여러 차례 고쳐서 완전 새번역으로 만들고, 그럼에도 만족하지 못해 지난 8년 동안 편집자들의 공부 결과를 다시 원고에 반영해서 오늘에 이르렀어요(지금까지의 우리 출판사의 성향을 보건대 이 책의 수명이 다할 때까지 번역은 계속 개정될 것 같아요). 특히 이번 판본에서는 정언 명령의 주어를 '준칙'이 아닌 '좌우명'으로 변경함으로써 칸트의 도덕법이 더 명료하게 독자에게 전해지기를 희망하는 마음을 담았는데요. 이를 통해 독자가 얻은 것은 무엇일까요?

코디정: 네. 더 칸트다운 칸트를 만나게 되셨을 거예요. 도덕 형이상학이 탐구해서 제시한 도덕법은 결국 정언명령이라는 명령문 형식이었고, 그건 〈보편적인 법률이 될 수 있는 그런 좌우명에 따라 행동하라〉라는 명령문이었습니다. 인간의 행동이란 그 행동을 한 당사자의 행동이고, 결국 그 당사자의 좌우명에 도덕법이 있다는 겁니다. 마담쿠의 머릿속 좌우명을 코디정이 들여다보면서 이래라저래라 판단할 수 없고, 코디정의 머릿속 좌우명에 독자들이 간섭할 수 없으니, '보편적인' 도덕법이 실제로 머무는 목적의 왕국은 결과적으로 '개인'의 머릿속이었어요. 보편을 개인에게서 찾는 논리, 그리고 그것이 인격이며 인류애라는 논리가 아주 낯설면서도, 도덕의 강요와 과잉에서 벗어나는 자

유가 느껴지기도 했어요. 우리 인류는 도덕이라는 이름으로 사회적으로 싸워왔잖아요? 그런데 알고 보니 그런 싸움에는 권력이니 이익이니 하는 이름이 적합하다는 것이고, 도덕은 알맞은 단어가 아니었다는 가르침, 이게 칸트 할아버지의 결론이라고 하니, 제 마음이 한편으로는 쓸쓸하고 다른 한편으로는 풍성해지는 느낌이 들었어요.

> 마담쿠: 저도 코디정의 도덕법에 간섭하지 않겠어요. 코디정의 좌우명에 건투를 빌어요. 그런데 좌우명이라는 건 한두 개가 아니고 사실 아주 많을 수 있다는 점에서, 저는 도덕 형이상학을 이렇게 정리하겠어요. 모든 좌우명이 도덕적인 건 아니다. 다시 말해 어떤 좌우명은 도덕적이다. 인간의 모든 행동이 도덕적이어야 하는 건 아니다. 어떤 행동을 우리가 해야만 한다면, 그런 의무를 명령하는 도덕법을 우선 내 머릿속에서 찾아보자. 아니, 내 좌우명에게 물어보자. 그러니까 결국 도덕법이란 좋은 좌우명을 찾기 위한 여정 같은 거네요.

코디정: 그러네요. 좌우명에 대한 이야기였어요.

> 마담쿠: 독자 여러분, 여러분의 좌우명은 어떤가요? 칸트가 말한 도덕법은 거대한 명령이나 종교적 교리 같은 게 아니었어요. 놀랍게도 도덕법은 우리 개인의 머릿속에 있는 좌우명에 관한 규칙이었어요. 그리고 그런 좌우명을 지니고 있다는 사실만으로 인간이 존엄한 것이었고요 자, 코디정

님, 마지막으로 이 책을 통해 코디정이 얻은 지식 중에서 독자와 공유하고 싶은 인상적인 지식을 하나만 이야기해 주겠어요?

코디정: 아이고, 이 책을 편집하면서 캐낸 보석이 한두 개가 아니에요. 그중 하나만 꼽으라면… 〈원수를 사랑하라〉라는 예수의 가르침에 대한 칸트의 해석을 언급하고 싶네요. 성경의 이 구절을 모르는 사람이 없을 거예요. 솔직히 말해서 원수를 어떻게 사랑한단 말이에요? 만약 내가 어느 원수한테 이루 말하기 어려운 불법적인 피해를 입었다면, 나는 피해자입니다. 그런데 원수를 사랑하라는 가르침을 도무지 따를 수 없으니, 이번에는 종교적 죄책감이 들어요. 이상하잖아요? 어째서 선량한 피해자가 죄책감을 느껴야 하는 거죠? 가해자는 마음 태평인데? 정말이지 불가능한 명령이라고 생각했거든요. 하지만 감정은 명령될 수 없고, 오직 의무만이 명령될 수 있을 뿐이며, 그런 의무는 '행동'에 대한 것이라고 칸트가 이 가르침을 해설하는데, 모든 것이 명쾌해졌어요. 여러분, 도덕은 마음가짐이 아니라 행동에 관한 겁니다. 마음속에서 증오감이 든다고 피해자가 죄책감을 느낄 필요 없어요. 미워하는 게 어떻게 죄가 되겠습니까? 그러나 일부러 원수를 찾아가 복수하는 행위를 해서는 안 되며, 떡을 하나 줘야 한다면 떡을 하나 줍시다. 감사합니다.

CREDIT

GROUNDWORK OF THE METAPHYSICS OF MORALS (1785)

도덕 형이상학의 기초 | 임마누엘 칸트 | (번역) 이소노미아 편집부 (2018년 정미현, 방진이, 정우성이 공동 번역한 최초 번역본을 토대로 편집부에서 다시 번역 작업을 실시했습니다) | 칸트가 쓴 원작은 모두 퍼블릭 도메인입니다. 그러나 한국어 번역문은 이소노미아

출판사가 저작권을 보유합니다. | (편집) 마담쿠, 코디정 | (디자인) 구희선 | (예술참여) 이완 | (펴낸곳) 도서출판 이소노미아 | 서울시 종로구 율곡로 2길 7, 서머셋팰리스 303호 | (펴낸이) 구명진(h.ku@isonomiabook.com) | 문의사항은 이메일로 보내주세요.